赢在品牌

理论 工具 案例实战解码

钟业彬 ◎ 著

WINNING BY BRANDING

Theory · Methods · Practices

企业管理出版社
ENTERPRISE MANAGEMENT PUBLISHING HOUSE

图书在版编目（CIP）数据

赢在品牌：理论·工具·案例实战解码 / 钟业彬著 .—北京：企业管理出版社，2023.1

ISBN 978-7-5164-2753-8

Ⅰ . ① 赢… Ⅱ . ① 钟… Ⅲ . ① 企业管理—品牌营销 Ⅳ . ① F272.3

中国版本图书馆 CIP 数据核字（2022）第 241505 号

书　　名：赢在品牌：理论·工具·案例实战解码
书　　号：ISBN 978-7-5164-2753-8
作　　者：钟业彬
责任编辑：徐金凤　田　天
出版发行：企业管理出版社
经　　销：新华书店
地　　址：北京市海淀区紫竹院南路 17 号　　**邮　　编**：100048
网　　址：http://www.emph.cn　　**电子信箱**：emph001 @163.com
电　　话：编辑部（010）68701638　　发行部（010）68701816
印　　刷：北京博海升彩色印刷有限公司
版　　次：2023 年 1 月第 1 版
印　　次：2023 年 1 月第 1 次印刷
开　　本：710mm × 1000mm　1/16
印　　张：18.5 印张
字　　数：275 千字
定　　价：88.00 元

序

从实战角度学品牌

2021 年我正好从业满三十年。在这三十年的从业经历中，我有二十四年的时间在从事营销工作。与别人相比，我的营销工作起点算是比较高的，直接从公司的市场部经理做起，短短几年就做到了公司的营销总经理。期间经历了十四年的企业营销操盘工作，亲自运作了多个全国性或区域性的品牌，包括民营企业和外资企业；也经历了十年的营销顾问公司的工作，为大健康和快消领域的汇仁集团、汤臣倍健、太极集团、康恩贝、以岭药业、蓝月亮、洁柔、东鹏特饮等企业提供品牌、传播等咨询服务。

在二十多年的营销实践中，有两个阶段对我影响较大。其中一个阶段我在和记黄埔旗下合资公司——和黄健保保健品有限公司工作。在加入和记黄埔之前，我已是大型民营企业美晨集团的市场部负责人了，从事营销工作也有三年时间。但这三年时间其实是自己边干边学的阶段，没有人教，也没有人带，全靠自己在工作实践中摸索，虽然也积累了些心得体会，但都是些肤浅的、不成体系的东西，甚至可以说只是些散打的招式。直到加入和记黄埔后，我才真正系统地掌握了关于营销的知识。和黄健保是和记黄埔当时进军国内医药健康市场的第二站，也是进军保健品市场的第一站，更是和记黄埔意欲进行的大健康产业资本运作的重要一环，所以集团总部非常重视，派出了强大的人才阵容，其中中国区的负责人是和记黄埔总部医药投资板块的总负责人——英国人 Christan，市场负责人则是从宝洁公司挖来的沙宣品牌市场总监——美国人 Eric，团队成员也大多是从宝洁公司或其他著名跨国公司过来的。这样的一个团队，其知识结构、理论体系是很具系统性的，思维方式及作业方式也是很专业化的。正是在与这么一群优秀的人共事期间，我不但弥补了自己的知识短板，更重要的是使自己的营销知识更系统化和专业化，很多的思维方式、专业理论、应用模型都是在这个阶段积累起来的，并通过不断地自我感悟、实践、总结和提升，逐渐形成了自己独特的方法论。可以说，这个阶段是我营销知识体系形成的重要阶段。

另一个对我影响较大的阶段是在营销咨询公司——凤翔传说整合营销服务机构工作。在咨询公司工作跟在企业工作最大的不同就是接触面一下子扩大了很多，需要掌握的东西和解决的问题也一下子多了很多。在企业只需做好企业自己的品牌和产品即可，接触到的只是一个或两个细分行业和非常有限的自己公司的品牌和产品。就像我在美晨集团担任市场部总监期间，接触到的是快消行业中的口腔护理、洗化这两个细分行业，主打品牌也就是“黑妹”“七日香”这两个品牌；产品虽然也有一百多个 SKU，但都离不开牙膏、牙刷、漱口水这些口腔护理产品，以及护肤霜等个人护理品，一年花掉的广告费最多也不到一亿元。但在咨询公司，所面对的是几十个客户（凤翔传说目前在服务的客户将近

50 个)，可能涉及几十个细分行业，背后也就有几十个品牌和上百个不同的产品类型，每年经手花掉的客户广告费是上十亿元甚至更多。作为执行总裁，虽然不可能亲自服务这么多客户，但至少要熟悉客户，并且在有问题需要你出面解决的时候能妥善解决。所以，在营销咨询公司工作，对人的要求是很高的，对人的挑战也是很大的，不仅要求掌握系统的知识体系，还要掌握能解决实际问题的模型工具，更要做出有影响力的实际案例。凤翔传说服务的客户绝大多数都是民营或私营企业，当然也有太极集团、康恩贝、999 集团这样的国资控股的企业，这些市场导向型的企业，在营销上是最讲究实效性的，即要看到实实在在的效果，包括品牌层面的、销售层面的，甚至还包括渠道、团队层面的。这就要求我们提供的咨询服务要从实效的角度出发，结合不同企业、不同区域、不同品牌和产品、不同市场阶段的实际情况，把理论知识变成解决问题的实用工具，再把这些实用工具用于营销实践中，并摸索出个性化的成功模型。举个例子，在服务太极集团的藿香正气口服液和康恩贝集团的前列康片时，虽然使用的是同样的知识体系，也使用同样的模型工具，但两者的成功模型却是完全不同的，绝不是简单的复制粘贴。这就需要完成从理论知识到通用工具再到个性化模型的转化过程。非常荣幸的是，在服务汇仁集团、太极集团、康恩贝集团、莎普爱思、碧生源等客户的十年中，我完成了从知识体系到实效化的转变。可以说，这个阶段，是我知识体系实效化转变的非常关键的阶段。

因为具备十四年不同类型企业的营销操盘经历，所以我非常了解企业的需求，这点使我在最近十年的客户服务过程中能比其他人更了解客户，甚至比客户还了解客户，也促使我能时常站在客户的角度思考问题和解决问题。不管是做品牌规划，还是做传播执行，“客户的问题就是我们的问题”，只有站在客户的角度，才能更加了解客户、理解客户，才能找到更加贴合客户实际的问题解决方案。其实，不管是在企业里自己操盘，还是在咨询公司服务客户，都需要经常转换角度看问题，都需要从实战角度解决问题。对此，我有强烈的亲身体会。

看问题不能只看一个点，不能只看到眼前和表面，换个角度才更能提升我们对问题的洞察力、判断力和决策力。在二十多年的营销实践中，我经常会换个角度来看品牌。

一、站在营销看品牌

品牌策略是营销策略中最根本性的策略，也是花费相对最大的环节。营销效果是品牌策略效果的最好验证。当然，营销环节除品牌环节外，还涵盖了产品策略、渠道策略、推广策略、组织策略等，但所有这些策略都只是手段，达成营销目的才是根本。一方面，营销不好，品牌策略肯定有问题，看品牌不能只看品牌本身的指标，我们需要看到透过品牌指标而达成的营销效果。另一方面，营销策略在公司整体战略中只是属于职能层战略，而职能层战略是要服从于更高层面的公司层战略和业务层战略的。因此，品牌策略作为营销策略中的最重要部分，我们往往还需要站在公司层战略和业务层战略的角度来看品牌策略。

二、站在未来看现在

有些企业现在做得不错，但增长不多，未来的两三年到底怎样？我们需要看得更远，甚至从品牌规划的开始阶段，就要站在未来的角度来进行品牌战略的规划，站在未来的高点，以下山之势来倒推现在。如几年前的汇仁药业，肾宝片的销售非常不错，当时我们就在思考未来两三年凭什么来保持高速增长，或者避免出现下滑；在品牌建设、产品线结构方面我们需要如何创新。我们需要用“站在未来看现在”的角度去思考我们目前在做的每一步。又例如莎普爱思滴眼液，从 2007 年开始到 2017 年的十年间均保持了良好的增长势头，但现在反思，这十年间我们虽然帮助客户达成了当时的营销目标，但考虑得还不够长远，特别是在危机应对体系的建设及提升企业应对危机能力方面，还有品牌的学术体系、品牌新增长点培育等等方面没有同步完善，所以才导致了后来行业皆知的危机事件。

三、站在行业看企业

单个企业的发展虽然有其自身的规律和特点，品牌营销也是单个企业的行为，但行业、产业的整体状况及发展趋势，以及整个的大经济环境均对企业的发展有着至关重要，甚至是举足轻重的影响。要把企业看成整个产业、行业链条中的一个节点，这个节点与整个行业、产业有着千丝万缕的关系，两者是密切相关又互相影响的关系。所以，不能只是站在单个企业的角度来做品牌营销，必须要站在整个行业、产业的角度来思考和开展企业的品牌营销行为。本书中的前半部分讲到3C分析时会涉及行业分析和竞争对手分析，这就是站在行业、产业角度思考企业品牌问题的一种具体表现。

四、站在整体看局部

正如上面所言，品牌策略是营销策略的一个环节，营销是整体，品牌就是局部；营销是企业经营中的一个职能，企业经营是一个整体，营销就是局部。以此类推：某个省（区域）市场是局部，全国市场（全球市场）是整体；某年度的市场表现是局部，整个市场发展历史是整体；单个品牌是局部，全行业品牌是整体；电视媒介（或某个具体媒体）是局部，全媒体是整体。先看森林再看树木，先看宏观再看微观，先看整体再看局部，解决问题的角度和高度就会和别人不一样。品牌规划也讲究高度和深度，迫切需要全局性思维。

五、站在C端看品牌

品牌营销强调的是要达成实际的营销效果，效果可体现在多方面：可体现在品牌知名度、认知度、美誉度及忠诚度等品牌层面，也可体现在销量的提升、复购率的提升、单次购买量的提升等销售层面；既可以是长期性的指标，亦可以是中短期的指标，但都必须是看得见、摸得着、可量化和可衡量的。品牌的实质是消费者认知，其遵循的根本原则是“一路向C”，所以归根到底，品牌营销的出发点和落脚点都必须是

C 端，即消费者端。不能自己觉得好就是好，也不能是客户说好就是好，最终要消费者说好了才是真的好。

六、站在他人角度看自己

他人是自己的一面镜子，自己在他人面前表现出来的智慧或愚钝、乐观或悲观、积极或消极，以及情绪上的喜怒哀乐都会通过别人的言行举止体现出来，只不过不同的对象体现的程度不同而已。有时候适当的“察言观色”是对自己的一种反思。做人如此，做品牌营销也应如此。因为消费者心智是一种客观的存在，太自我会丧失客观判断的标准。

七、从现象看本质

分析问题要探究问题的本质，不能是简单的“因为”“所以”，也不能只看表面数据，而是需要逻辑的推论。分析问题有很多种方法，如逻辑树状图就是其中之一：把问题一层一层地剥开，把问题所有会牵扯到的点全部列出来，每个点再向下发散开来，依此类推，层层深究，就不会遗漏问题或者停留在问题的表面。把所有问题列清楚后，就能清晰地探索出问题的关键所在，就能很好地分析问题的本质，从而更好地帮助客户解决问题。品牌营销讲究实效，如何做出实效是品牌营销的本质问题，追究本质需要多层面、多角度、多维度地去思考问题和分析问题，这样才能做到尊重客观，效果也才能落到实处。

八、站在实效角度看数据

做品牌营销离不开数据分析，但实际工作中许多人往往过分依赖数据或迷恋数据，甚至出现唯数据论的情况。如有些市场部人员可能会这样说，“我的媒介数据是达标的，销售上不去、品牌知名度没有提升不是我的责任，是销售部的问题”，由此导致互相推诿责任的情况发生。品牌营销的效果要从三个层面来衡量：一是品牌规划的精准性（与消费者分析、竞争分析和企业内部分析得出的结论高度匹配）；二是品牌推广的有效性，包括受众的触达面、触达深度，只有在具备深度的基础上有一定的广度，才能称之为推广的有效性；三是品牌营销要带来实实在在的营销效果。品牌营销绝不是品牌单一层面的事情，也绝不仅仅是市场部的事情，只有把与品牌营销相关联的各个环节都做好了，才能体现出品牌营销的效果来。此三条缺一不可，其中第三条是最关键的，也是根本性的。任何对销售没有帮助的品牌营销都不能叫作有实效的品牌营销。站在实效的角度就是最终要站在整体营销的角度。

九、站在品类、产品层面看品牌

任何一个品牌都有其品类属性，即具有这个品类所共有的一些特点，这些特点背后对应的是消费者的属性；任何一个品牌也需要有产品做承载，即产品是品牌之下的产品。我们既需要通过产品的传播树立品牌形象，也需要通过品牌的影响力带动对产品的认识。所以，做品牌规划，不仅要深刻研究品牌本身，还要跳出品牌本身，站在品类和产品层面去研究品牌。

研究品牌的书很多，内容往往涉及品牌理论、品牌工具和品牌实践的案例分析，但如何从品牌理论出发，运用品牌规划的工具模型来解决企业的实际营销问题，并把这三者结合起来进行研究的书不多。本书是笔者基于二十四年来的营销实践，对自己实操或经历过的案例进行深刻剖析，总结出对品牌战略规划的理解和感悟，并利用一年多的时间整理而成。本书具有以下五个独特之处：

（1）从理论到方法再到工具，层层细化落地；

（2）从原理讲解到案例分析，具备很强的实操性；

（3）站在营销的角度看品牌，再从品牌延展到营销，环环相扣；

（4）从过去到现在再到未来，贯穿营销发展历程；

（5）具备很强的系统性、逻辑性、科学性、实用性。

写作本书的目的是希望读者也换个角度，从实战的层面学品牌，通过阅读本书能够做到：

（1）系统理解品牌规划的框架及其内容；

（2）全面掌握品牌规划的方法和工具；

（3）整体拓宽与品牌规划相关联的营销知识面；

（4）将学习与实践相结合，真正成为理论、方法、案例兼备的品牌策略型营销人才。

本书分两大部分共十章。第一部分包括第一至五章，介绍 3C 分析实战方法论，主要内容包括：竞争环境分析、内部环境分析、消费者分析的内容、方法与工具。这部分内容是做品牌规划的基础。第二部分包括第六至十章，介绍品牌规划实战方法论，主要内容为品牌战略规划的六个方面，即：品牌模式规划、品牌定位、品牌价值体系规划、品牌识别、品牌愿景和品牌管理规划的内容、方法与工具。这部分内容是本书的核心。

本书作为一本从实战角度研究品牌规划的实用型书籍，适合广大的企业营销人员、营销服务机构人员、大中院校市场营销相关专业学生及营销爱好者阅读。书中涉及的很多案例都是 OTC 行业和快消品行业中的知名品牌，特别适合这两个行业的从业者阅读。

钟业彬

2022 年早春

目录

第一章

C H A P T E R 1

品牌为王的时代

第一节　营销观念变迁的几个阶段

品牌战略是企业的经营战略，是重要的企业子战略，已成为当前众多企业非常重视并广泛使用的营销战略，这种选择是基于当前营销环境的必然结果。营销环境的变化将决定企业营销战略的取舍，尤其是营销观念的变化。纵观几十年来企业的营销观念变迁史，无一不与当时的营销环境紧密相关，在某种程度上甚至可以说营销环境决定了营销观念。几十年来的营销观念变迁大体经历了以下几个阶段。

一、产品为王的阶段

在生产力相对不发达，人们的物质需求大于物质供应的时候，就出现了供不应求的市场状况。在这个阶段，受技术水平和生产能力的制约，产品的同质化程度较高，个性化需求不明显，只要能提供人们所需求的产品，就能赢得市场。此阶段竞争的主战场在工厂，是生产成本和效率的竞争，“价廉物美”成为企业的核心竞争力，企业的资源主要用于厂房及生产线的改造、生产工艺的优化及生产流程的管理，以求取得更低的生产成本和更高的生产效率。我国在改革开放之前，物质严重缺乏，从改革开放开始直到二十世纪八十年代末或九十年代初的这个阶段，是典型的产品为王的阶段。人们的需求一下子被激发出来，生产力也得到了很大程度的解放，只要能生产出产品，就不愁卖不出去；若稍微有点市场推广，那非得卖爆不可。中国的保健品行业就是从那个年代开始走向兴盛的，那个年代上市的三株口服液、昂立一号等一上市就火遍大江南北，其中三株口服液从九十年代初开始靠大量的墙体广告和人海战术，在 1996 年时年销售量达到了 80 亿元的历史巅峰。

产品为王阶段的中后期，产品逐渐丰富，同质化严重的现象已对营销产生了明显影响。企业发现产品多到卖不出去了，于是除了继续在工厂发力以求得到更多的具有差异化产品的同时，还把注意力放在了营销上。此时出现了 USP 营销理论，但其核心还是在产品上，即通过差异化卖点的提炼和推广来赢得市场，竞争的本质还在于产品须具备差异化的卖点上。如图 1-1 所示，通过对消费者、竞争品牌（竞争者）、自身产品（产品力）进行分析，找到当前市场上的主要竞争品牌未能很好地满足消费者需求的点，再找到自身产品相对于竞争品牌而言能够较好地满足消费者需求的点，同时分析自身产品相对于竞争品牌而言具备优势的地方，最后从中提炼出能较好地满足这三方面要求的独特的卖点。在产品为王阶段的中后期，产品供应虽然丰富了，但竞争还不算激烈，差异化卖点相对比较容易提炼，因此在那个年代，只需一个差异化卖点，再稍微加点推广，销量就能马上上来。

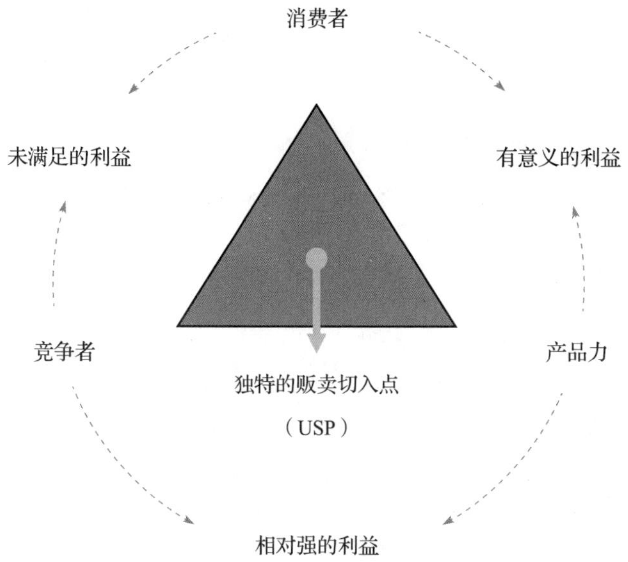

图 1-1　USP 营销理论示意图

二、渠道为王的阶段

在传统的销售链路中，商品从生产企业到消费者手上，通常会经过经销商、分销商、零售渠道等环节。当然，现代的销售链路已呈现出多样化、细分化、扁平化、集中化的趋势。所谓多样化是指销售链路的多种形态，如线上渠道、线下渠道，传统渠道、现代渠道等。细分化是指销售链路的专业化，即在同一种形态里根据品类或消费人群的不同而同时存在着专门针对某个品类族群或消费族群的渠道类型。如快消品的线下渠道中，有专门针对母婴人群的母婴渠道，有专门卖护肤等个护产品的 CS 渠道；又如在药品流通渠道中，有专门给药店做配送的经销商，也有专门给第三终端做配送的经销商等。扁平化是指企业力求销售渠道的简单化，以缩短销售链路的流通周期，缩短与消费者的距离，甚至由企业直接面对消费者进行销售。如有些企业在每个省设立 1 ～ 2 个一级经销商，再在各个地级市设立若干个二级经销商；二级经销商由一级经销商供货，二级经销商有可能再供货给其下的分销商，也可供货给零售终端。这种渠道结构叫垂直化的渠道结构（见图 1-2）。如果是这种渠道架构，则产品从生产厂家到消费者手中有可能经过了四个环节。而扁平化的渠道结构则直接在各地级市，甚至县城设立一级经销商，这些一级经销商可直接供货给零售渠道，也有可能再通过其下的分销商供货给零售渠道（见图 1-3）。这样产品从生产厂家到消费者手中最多经过三个环节，有时只需经过两个环节，大大缩短了流通链路和流通周期。这两种渠道模式各有特点，没有优劣之分，只有是否合适之别，适合自己企业的就是最好的。

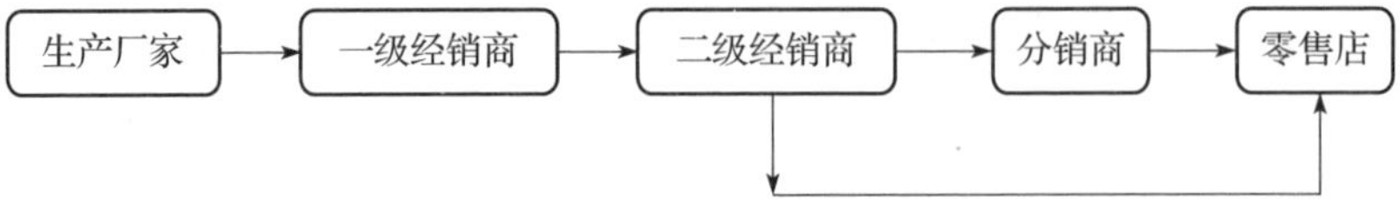

图 1-2　常见的垂直化渠道结构

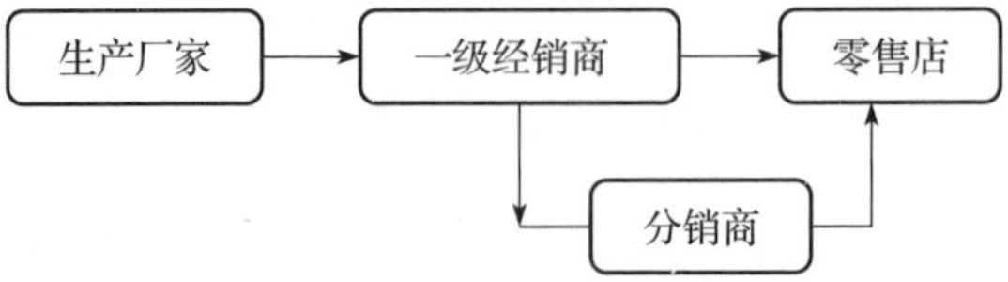

图 1-3　常见的扁平化渠道结构

随着销售渠道不断向多样化、细分化、扁平化方向发展，每个渠道都有其固定的市场，都占据一定的市场份额，企业要想占领更大的市场空间，就必须充分利用各种各样的渠道以抢占不同类型的市场。

另一方面，随着渠道的发展越来越快，逐渐呈现出集中化的趋势。集中化是指产品的流通越来越向其中某一个渠道类型集中，这个渠道类型的流通份额占比越来越大，甚至在流通环节中起到了主导作用。如药品的线下渠道中，连锁药店的集中度已从过去的30%多上升到现在的50%多，有些省份甚至超过了70%，其中百强连锁在连锁药店里的份额占比也是逐年攀升。连锁药店对整个药品的线下流通真正起到了主导作用。又如快消行业里现代渠道中的大卖场越来越多，市场份额也越来越大。集中化的趋势更加增强了渠道的话语权，深耕渠道成为很多企业不可回避的课题，甚至是主要课题。事实上，在社会分工越来越细的今天，有相当一部分企业将自己的精力集中在研发和生产上，营销环节完全交给渠道。在渠道为王的营销观念之下，主要有代理制和经销制两种模式。代理制大多是把整个销售权都交给代理商，包括渠道的组建、分销和推广，这种模式之下，企业对渠道没有主导权。经销制则由企业来组建渠道，并协助渠道进行分销和推广工作。这种模式之下，渠道对企业是可控的。

渠道的重要性一直都存在，尤其是竞争充分的快消品行业。渠道的多样化、细分化、扁平化、集中化趋势在当下的市场环境下表现得特别明显，以至于很多企业还一直坚守着渠道为王的观念；即使是有资源进行消费者推广的企业，也依然会在渠道上投入更多资源。而药品由于其品类的特殊性，国家对其渠道有专门的管控，药品渠道的竞争虽没有快消品那么激烈，但仍然在药品营销中发挥着重要作用。

三、终端为王的阶段

渠道的重要性已被众多企业所知，渠道策略也已成为企业营销中的重要策略之一。在渠道为王的时代，企业在享受到渠道在市场覆盖、市场深耕等方面的贡献的同时，也深刻意识到企业自己反而离消费者越来越远了，市场的主导权也逐渐被渠道所掌控，企业在整个营销链条中处于被动地位。在这种竞争越来越激烈的市场环境中，丧失市场主导权或离消费者越来越远的做法已经很难达成企业的经营目标。所以，众多企业毅然转变营销观念，改变营销模式，把过去的渠道为王升级到终端为王，由过去的抢占流通渠道转变为现在的抢占终端，渠道组建和维护只是作为基本策略，而真正的营销战场已经前移到终端，决胜终端成为众多企业的关键营销策略。离消费者近了，企业才能听得见战场的枪炮声，闻得到战场的火药味，从而对市场变化及时做出快速反应。如洗化行业巨头、洗衣液第一品牌蓝月亮，一直都致力于渠道变革，在继续重视线下渠道的同时大力拓展线上渠道，以期能更直接地面对消费者，更好地与消费者沟通，更充分地开展科学洗衣的消费者认知教育。目前蓝月亮的线上渠道销售额已超过线下渠道，其份额已达到53%。保健品第一品牌汤臣倍健也非常重视线上渠道的布局，从其2021年半年报来看，线上销售收入占比大幅提升，2020年上半年线上渠道收入占比为21.42%，2021年线上收入占比为28.29%。提升近7个百分点。从增长率来看，线上渠道的增长远大于线下渠道的增长：线下渠道收入同比增长24.18%，而线上渠道收入同比增长则达到 79.72%。

终端为王的时代，企业的推广资源主要聚焦在终端上，而且直接面向消费者。在终端为王的观念之下，企业主要抓的工作有分销、陈列、促销、培训和维价五个方面。分销需要讲究分销的广度和深度，即广覆盖、深渗透。在广覆盖模式下，要求一个地方尽可能分销到尽可能多的终端店，如覆盖面达 90%，甚至 95% 以上；在深覆盖模式下，要求渠道尽可能以“城市—县城—乡镇—农村”的顺序向下渗透。对于某些采取控销模式或窄渠道策略的产品，其分销的做法会很不一样。陈列包括产品的陈列，如正常货架陈列、端架以及堆头、花车等特殊陈列等，还包括推广物料的陈列，如吊旗、海报、展柜、易拉宝、爆炸贴等。促销包括面对消费者的促销活动，如买赠（产品或礼品）、打折、捆绑销售等，还包括面对终端店的促销活动，如进货奖励、陈列竞赛等。培训主要指针对店员的培训，通过专业化的培训提升店员对产品的认知及提升销售产品的技巧，通常会与销售激励等手段配合使用。维价指的是价格维护，包括流通价格的维护和零售价格的维护。很多企业视价格为生命线，采取各种措施来维护价格，以防出现乱价现象甚至价格倒挂现象。

由渠道为王转变为终端为王，不仅仅是简单的营销模式的改变，更是营销观念的重大转变，体现在企业更加重视消费者了。这也是以消费者为本的营销本质被企业深刻认知的一次大飞跃。但在终端为王的阶段，企业的资源配置对很多企业来讲都是一个大考验，如终端人员的配置，以及为此所需要的管理资源的配置。

四、流量为王的阶段

很多企业在终端为王的营销观念之下尝到了甜头，终端为王的营销模式也让企业深刻意识到抓住消费者才能抓住营销的根本，消费者才是企业一切营销工作的源头和落脚点。随着互联网的发展，营销进入数字化时代，企业的营销观念再一次被刷新，也再一次发生跃升。在销售渠道搭建、产品推广方面，除了传统的线下体系外，线上体系也在飞快发展，如 B2C、O2O 模式等。线上营销模式的发展使企业认识到要抓住消费者就必须要抓住流量，如何获取流量或获取精准的高质量的流量、如何运营流量、如何变现流量、如何打通线上线下流量等成为企业营销的重要策略。

在流量为王的阶段，流量是企业的宝贵资源，谁控制了流量，谁就控制了整个商业模式的核心。如何占据流量入口，尤其是平台型的巨大流量入口，以及如何建立自己的私域流量，已成为企业营销的重中之重。

在流量为王的时代，内容、技术是获取流量的主要手段，因此，流量为王的时代也被称为内容为王的时代（见图 1-4）。内容是与消费者建立联系、引起消费者共鸣，从而获取流量的资本；技术是提升内容效能、提高触达精准度、降低触达成本的手段。

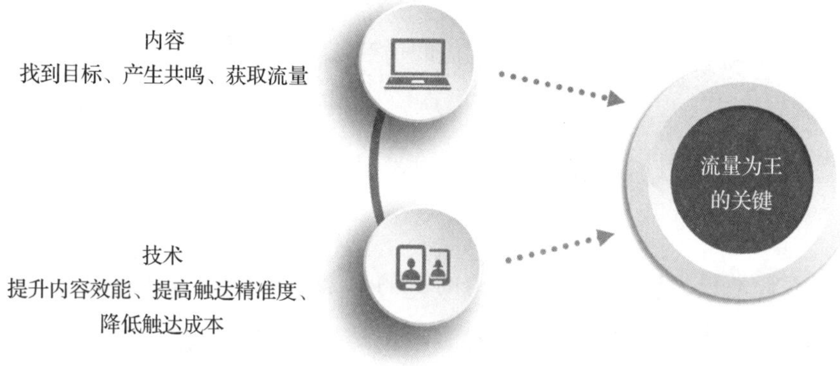

图 1-4　内容和技术是获取流量的关键

互联网时代使媒体形式变得碎片化甚至粉末化，也使流量变得碎片化，获取流量越来越难，成本也越来越高。很多品牌靠流量的单次变现已很难实现盈亏平衡，需依靠二次复购甚至三次复购才能勉强维持运营，所以仅获取流量不是最关键的，关键的是获取精准的流量以及流量的后续运营。许多企业在此情况下也不再简单地依靠公域流量，而是热衷于建立自己的私域流量池，一方面是因为公域流量的获取成本不低，且不够精准，留存率也不高；另一方面，私域流量虽然获取成本也不低，但够精准，留存率也高，若运营得好，后续的稳定收益还是蛮不错的。典型的案例如合生元，早期靠合生元益生菌起家，现在以奶粉等妇婴食品为主营。2016 年的时候，合生元为了更好地服务用户，开始着手搭建自己的会员体系“妈妈 100”。凭借自身品牌的影响力，在几年时间里，合生元已经在微信公众号矩阵、小程序商城等平台上积累了 700 多万会员。而到了搭建私域流量池这一步时，这些老会员就是合生元需要第一时间激活和维护的种子用户。当合生元把这些转移到线上，并围绕着“社群 + 直播”的方式开始打造私域流量运营时，不仅成功地把疫情期间的挑战转化成了商机，甚至还实现了近 13% 的增长、月均销售额破 4 亿的逆袭。

五、销量为王的阶段

不管是什么阶段，企业营销的目的都是为了提升销量，产品、渠道、终端、流量都是手段或过程。市场环境的变化，新观念、新方法的应用，以及竞争的激烈在不断地降低营销的效能；同时，企业面临艰难的生存环境，也越来越注重短期效应，即追求短期销量的提升，“先生存再发展”迫使一部分企业过分追求能在短期内产生可见的销量，或能以可控的投入产生成比例的销量的营销模式。销量为王的阶段指的就是这么一个阶段，虽然未必是主流，也未必是企业营销的全部，但却确确实实地存在并得到快速发展。

在销量为王的观念指导下，直播带货、效果广告、社交新零售、社区电商等如雨后春笋般成长起来（见图 1-5）。从本质上来讲，获取销量虽然是企业营销的目的，但持续性地获取销量才是企业营销的根本目的，而只有抢占了消费者的心智，才能达到持续获取销量的根本目的。虽不能断定上述种种以销量为王为主导的营销模式是否能够持续地获取销量，但可以断定的是这种种手段的出发点并不是以抢占消费者心智为目的的，而是以直接获取短期销量为目的的。因此，虽说这些手段无可厚非，但绝不是企业营销的全部，甚至也不能成为企业营销的主流，只能作为营销的一种补充。如果因追求短期销量而损害了品牌，那这种损失将是长期性的，也将是得不偿失的。

图 1-5　销量为王促使了新营销模式的诞生

六、品牌为王的阶段

营销模式是受营销观念主导的，有什么样的营销观念就会有什么样的营销模式。营销观念的形成有市场环境的原因，也有企业本身考量的原因，任何一种营销观念都是基于一定的时境之下的，都有其合理性的一面。营销就是这么一个过程，随着时境的变迁而不断演变，但不管怎么变，营销的本质是不变的，营销观念最终也会回归到本质上来。

回顾几十年来的营销变迁史，其实品牌的观念一直都存在，只是在不同的时期，基于当时的市场环境而有不同程度的表现而已。企业营销发展至今，变化越来越多、越来越快，也只有抓住万变之中的不变，也就是营销的本质，才能在万变的市场环境中所向披靡。所以，品牌为王的营销观念必将牢牢根植于企业营销者们的脑海中，也必将成为企业营销的主流。事实证明，现在绝大多数行业、品类都已全面进入整合品牌营销时代。

在品牌为王时代，营销的核心也发生了根本性的改变。在工业时代，营销是以产品为中心，营销方法论以4P理论、USP理论等为主导；而到了内容和技术时代，营销是以传播为中心，营销方法论虽然有了很大的发展，但主要的几种都是基于AIDAS、AIDMA和AISAS模型展开的。

首先，AIDAS模型（见图1-6）是由刘易斯（Lewis）提出的，用来说明广告对消费者产生的不同作用，是一种消费行为模型，它包括以下五个阶段。

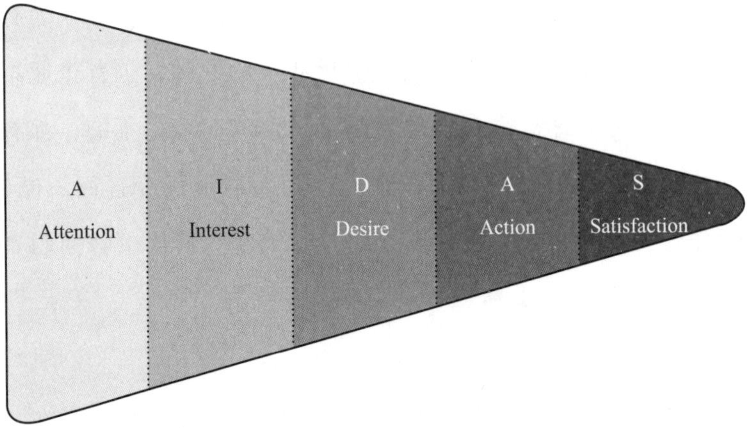

图1-6 AIDAS模型图

1. Attention（引起关注）

能否引起关注往往就在刹那间。为了快速引起关注，有些品牌一般会通过大标题，再配上一张大图片来吸引访问者的注意；或者以夸张的表现手法或容易引起共鸣的话题来吸引消费者的注意力。

2. Interest（产生兴趣）

告诉消费者购买该产品能给其带来的利益和好处，这样消费者才会对购买你的产品产生兴趣。

3. Desire（引发购买欲）

能够引起消费者购买欲望的原因就是消费者需要该产品。所以，要让消费者知道该产品可以很好地解决他的问题，满足他的欲望。

4. Action（促进购买行为）

当消费者打算购买商品的时候，就要告诉他怎么购买，购买流程是怎样的。

5. Satisfaction（获得满足感）

虽然满足感无法直接地提高转化率，但对你的整盘生意至关重要。获得一个新用户的成本是维持一个老用户的成本的 2 ～ 6 倍，在获得良好口碑的同时，可以让一个用户不断地回头购买你的商品，而且该用户会向他的朋友推荐你的商品。

其次，AIDMA 是消费者行为学领域很成熟的理论模型之一，由美国广告学家 E.S. 刘易斯在 1898 年提出。理论认为消费者从接触信息到最后完成购买会经历 Attention（注意）、Interest（兴趣）、Desire（欲望）、Memory（记忆）、Action（行动）这五个阶段，这个理论很好地解释了实体经济中的购买行为。但是在互联网兴起的时代，AIDMA 逐渐失去作用。

2005 年，日本电通集团针对互联网与无线应用时代消费者生活形态的变化，在 AIDMA 模型的基础上推出了 AISAS 模型（见图 1-7）作为全新的消费者行为分析模型。强调各个环节的切入，紧扣用户体验，更加适用于互联网时代的消费者购物决策分析历程。

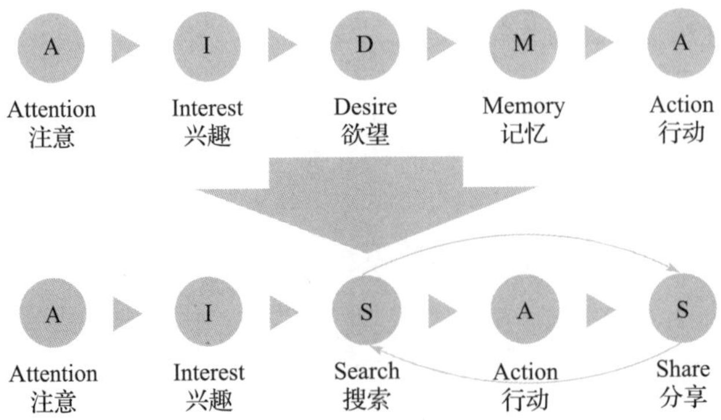

图 1-7　AISAS 模型图

最后，AISAS 模式的转变：在全新的营销法则中，两个具备网络特质的“S”——Search（搜索）、Share（分享）的出现，指出了互联网时代下搜索（Search）和分享（Share）的重要性，而不是一味地向用户进行单向的理念灌输，充分体现了互联网对于人们生活方式和消费行为的影响与改变。

到了数字时代的中后期，营销是以用户为中心的，营销方法论聚焦在 4Rs（见图 1-8）。

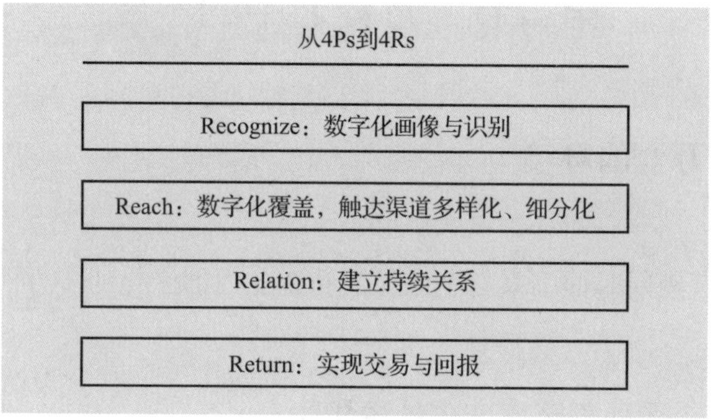

图 1-8　4Rs 示意图

注：4Ps 是指产品（Product）、价格（Price）、渠道（Place）、促销（Promotion）。

围绕着 4Rs 的每一个环节也都会衍生出许多的方法论及工具、模型出来。

从产品为王到品牌为王，这种营销观念的变迁基于市场环境的变化，其中最重要的是消费者的认知模式和行为习惯的变化。虽然导致这种改变的因素很多，但核心因素还是消费者。这种变化虽然是递进式的，但并没有一个明确的时间节点，有些观念可能从形成开始就一直沿用到现在。过去在药品营销领域曾经流行一句话叫“产品为王，价格定生死，模式决定未来”，而现在这句话已改成“模式为王，价格定生死，产品决定未来”，这也是一种营销观念的改变。

第二节　万变之中的不变

一、万变的环境

企业营销同时面临来自企业外部和企业内部变化的多方面挑战。

（一）企业外部环境变化的挑战

在当前的市场环境下，企业营销主要面临三大外部挑战：一是消费者环境不断变化的挑战，包括消费者的认知模式、行为习惯、需求及态度的变化；二是市场竞争环境不断变化的挑战，包括渠道环境、媒介环境、行业环境的变化等；三是社会环境不断变化的挑战，包括政策环境、经济环境、技术环境、人文环境的变化等。不同的行业及品类虽然面临的外部环境不尽相同，但归纳起来也不外乎以上三大类。下面以 OTC 行业为例进行介绍。

1. 消费者环境的变化

（1）消费者的需求已从过去的治已病扩展到治未病，而且治未病的需求越来越强烈。

（2）需求多样化、细分化，而且越来越讲究个性化，不再是千人一面，而是一人一面甚至是一人千面。

（3）需求向两极分化，一方面向升级方向演变，追求高端化、豪华化，另一方面向简单化、实用化、低价化演变。

（4）除了功效利益需求外，消费者也越来越重视情感及精神层面的需求。

（5）消费者的认知不再是简单的相信广告和店员推荐，而是会通过各种信息途径全面地、更加理性地进行判断。

（6）网上药店等线上售药渠道的丰富使得消费者的购买行为发生了根本性的变化。

2. 市场环境的变化

（1）众多处方药巨头及跨国公司大举进军 OTC 市场，竞争变得愈加激烈。

（2）连锁药店的连锁化率进一步提升，全国平均水平已接近 60%，某些省份已接近 80%，渠道的话语权越来越大。

（3）B2C、O2O 等线上售药模式的发展在丰富销售渠道的同时也分流了企业的分销资源。

（4）媒介粉末化的趋势仍在继续，新媒体层出不穷，且媒体整体效能在下降，导致在推广成本上升的同时推广效益却在下降。

（5）市场的充分竞争和技术的发展，“跨界”成为新趋势，市场竞争中的降维打击不可避免。

3. 社会环境的变化

（1）“带量采购”“一致性评价”“降低药占比”“零加成”等政策的实施，说明药品行业的行政监管越来越严，规范化程度也越来越高，在有利于行业健康发展的同时也增加了企业管理成本，抬高了行业门槛。

（2）社会正能量在逐步回归，舆论环境偏向于正向化，促使众多药品企业在经营企业时更加重视增强社会责任感。

（3）社会整体经济水平及技术水平的不断提高，人们对美好生活的向往也体现在药品行业上，对产品的类别、特性的需求更加多样化、精致化。

（4）随着世界贸易越来越开放，全球化视野已成为必然趋势，企业面临着跨国并购、全球竞争的机会和挑战。

这一系列外部环境的改变，使 OTC 行业的营销环境无时无刻不在变化，而且变化的速度比以往任何时候都来得更猛烈，促使企业不断地因时而变、因境而变、因势而变。

（二）企业内部环境变化的挑战

企业在面临外部环境变化挑战的同时，也面临着内部环境变化的挑战。这种挑战主要来自于外部的压力，是不以企业自身的意志为转移的，比较普遍的有以下几种。

1. 观念转变的挑战

外部环境的变化迫使企业必须因这种变化不断地对企业经营的方方面面做出改变，以适应这种变化。而这方方面面的转变背后的根源是观念的转变。很多改变不是企业做不到，而是是否意识到需要改变，是否愿意去做这样的改变，以及改变的速度是否跟得上市场变化的速度，这一切都始于观念的转变。如某些企业迫于业绩压力，其营销观念还停留在销量为王的阶段上，过分追求短期销量，同时不断地给渠道加政策或通过压货的方式增加短期销量，因而造成市场价格混乱、产品滞销等严重后果，最终不得不正视现实，收拾残局。

2. 持续创新的挑战

观念的转变是创新的基础，要把观念的转变落实于实际行动中，落实于一项项实际的成果中，这就是持续创新的挑战。这种创新包括产品的创新、渠道的创新、推广的创新，甚至是管理的创新。蓝月亮是行业里的创新典范，在产品研发上不断推陈出新，超浓缩洗衣液——至尊洗衣液更是国内第一个浓缩型的洗衣液；蓝月亮也特别注重渠道的创新，其线上渠道的销量占比已超过线下渠道就是一个很好的例证。东鹏特饮是非常注重创新的，尤其是推广模式上的创新，网剧创口贴的广告模式就是其众多创新点中的一个，这种广告模式也开创了行业先河。OTC 行业里 999 集团是创新的模范。药品属于特殊商品，受国家严格监管，所以产品上的创新不容易，周期也较长。999 集团的创新主要体现在推广模式上，尤其在传播模式上。其市场部负责人曾经说过，999 的品牌传播经历了央、卫视联播—大剧及综艺内容传播—短视频传播—公关传播等阶段，999 集团总能根据市场环境的变化和自身品牌建设的需要，不断创新与消费者沟通的方式。

3. 成本递增的挑战

企业经营是追求利润的，而在充分考虑消费者接受度及竞争需要的前提下，成本成为影响利润的非常重要的因素。伴随着劳动力成本、原材物料成本、管理成本、经营成本的不断上升，企业的盈利能力在逐年下滑。在技术创新、管理创新的同时，成本的控制成为企业持续经营的永久课题。

二、不变的本质

在千变万化的环境中，企业的营销观念、营销策略及营销行为也需要随机应变，但营销在万变之中仍然有其可循的规律性，也依然有其不变的本质，这种本质就是“抓住人心”，这种可循的规律性就是“以人为本，获取人心”的方法。所以，抓住了品牌，实施品牌战略也就成为当前企业应对外部万变环境的制胜之道。

图 1-9 和图 1-10 清楚地表明了企业战略分析的逻辑框架及品牌战

略与其他战略的关系。品牌战略在公司的战略分析逻辑框架中首先属于职能层战略，是营销职能层面的战略选择；其次也可以属于业务层战略，是业务层战略里的竞争战略的必然选择。竞争战略包含成本领先战略、差异化战略和集中化战略等，而品牌战略是实施差异化战略和集中化战略的必然选择。所以，就像本章开篇所说的，品牌战略是企业战略里应用广泛且十分重要的子战略。

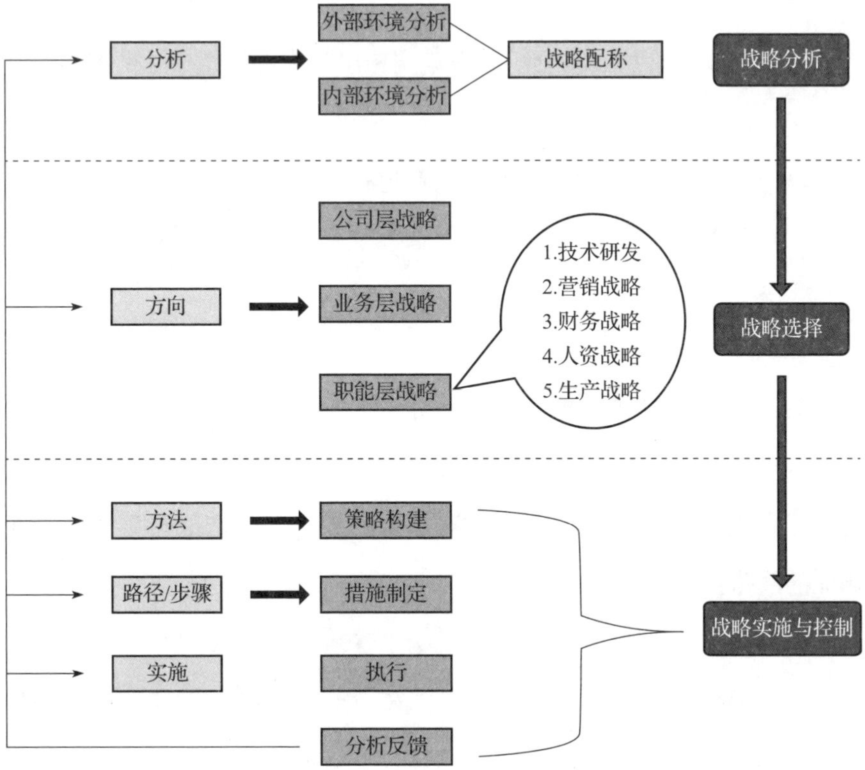

图 1-9　战略分析逻辑框架

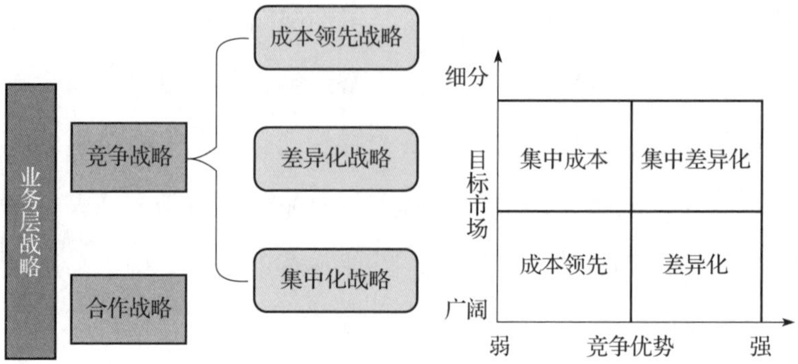

图 1-10 业务层战略

公司整体战略从战略分析到战略实施由三大部分组成（见图 1-9）。

第一部分是战略分析。通过对内外部环境的分析（后面章节详述），进行内部优势与外部机会的挖掘与资源配称，探索有可能采取的战略选择。

第二部分是战略选择，在战略分析的基础上，从公司层战略、业务层战略、职能层战略三个层面做出方向性决策。其中职能层战略包含技术研发、营销战略、财务战略、人资战略、生产战略等公司各个职能的战略。

第三部分是战略实施与控制。围绕着战略选择，构建实施战略的策略方法，制定具体实施措施并执行，最后对执行的过程及结果进行监控、分析和总结。

这就是公司战略循环的整个过程。

在制定营销职能战略时，品牌战略是重要的内容。在公司业务层战略制定时，如涉及竞争战略里的差异化战略和集中化战略，也会用到品牌战略。这跟制定职能层战略时的品牌战略是一回事，只是在不同层面来表述而已。

第三节 品牌的本质

做好品牌战略规划是实施品牌战略的前提和基础，但许多营销人员在规划品牌战略时经常会碰到四个疑惑。

疑惑一：系统性不足。对品牌的理解，或者对品牌规划的内容都缺乏全面的、系统的认知，所掌握的都是些分散的、不完整的知识点，没有全局观。

疑惑二：逻辑性不强。搞不清楚品牌各要素，以及品牌规划各环节之间的关系，不知道先做什么后做什么，哪些是必须的哪些是可有可无的，导致做出来的东西没有前后逻辑关系，缺乏严谨性。

疑惑三：深度不够。有很多东西知其然不知其所以然，做出来的东西形似神不似，缺乏高度；或主观性太强，说服不了别人。

疑惑四：方法不多。这也是系统性不足和深度不够的其中一个表现。有些人只知道理论知识，有些还是从书本上搬过来的理论知识，但未掌握理论知识的应用；还有些人也学习了别人的一些方法，但只会照葫芦画瓢。由于方法、工具掌握得不够、不透，导致缺乏科学性，同样也说服不了别人。

到底应如何去做品牌战略规划呢？在讲述品牌战略规划之前，有必要对什么是品牌、品牌的基本特性有清晰的认知。

一、什么是品牌

这是老生常谈的话题。但不同的人对品牌的定义有不同的描述，对品牌内涵的理解也互不相同，这里面没有对错之分，只是角度的不同或者涵盖的范围不同而造成的区别。品牌的定义虽然不同，但品牌的本质是不变的，这里不再对品牌的定义做新的描述，只针对品牌的本质进行简单的概括。

品牌有四个基本内涵。

第一，品牌是一种（标识）符号，是区分不同企业和产品的名称与标识。这种符号可以是文字、字符、图形甚至是声音，或它们之间的组合（见图 1-11）。

图 1-11　部分品牌标识

第二，品牌是一种（顾客）认知，是蕴藏在消费者心智中的对企业和产品的内容认知和价值认知的总和。这种顾客认知反映了品牌是什么，品牌能干什么，或品牌代表什么，品牌提倡什么等。没有顾客认知的只能称为“商标”，不能称为“品牌”。

第三，品牌是一种（商业）资产，是帮助企业实现价值的交易、增值和累积的无形和有形资产的结合体。品牌的有形性体现在看得见摸得着的注册商标，以及代表着品牌的产品、物料甚至是企业本身等；品牌的无形性体现在品牌实质上是一种消费者认知，是存在于消费者心智之中的，这虽然能感受得到但却是看不见摸不着的，品牌的价值更多体现在其无形性上面。专业权威机构每年推出的品牌价值榜单，就很好地诠释了品牌的无形价值所在。“品牌是一种资产”还可以从资产受益方的维度去理解。品牌对消费者而言是一种资产，因为品牌能给消费者带来功能上、情感上或精神价值层面的利益体验；品牌对企业而言更是一种资产，能实现品牌溢价［小罐茶堪称品牌溢价的大师之作（见图 1-12）］，企业价值的增值、累积和变现。

图 1-12 “小罐茶”品牌推广图（其一）

第四，品牌是一种（组织）体系，是品牌本身的体系及企业内外部建设、管理品牌的体系。关于这些体系，我们在下面的分析中都会详细叙述。

品牌是品牌符号、顾客认知、品牌资产和品牌体系四个概念构成的集和。四者环环相扣，缺一不可。品牌符号是载体，顾客认知是根本，品牌资产是建立在顾客认知基础之上的，品牌体系影响着顾客认知，从而也影响着品牌资产；同时，品牌体系越强大，品牌资产就越高。

从品牌的四个内涵可以看出，品牌是具有明显的双面性的，体现在两个方面：一方面是有形和无形的双面性。品牌的标识符号和组织体系是有形的，是看得见、摸得着的；品牌的消费者认知属性和资产属性则是其无形性的一面，其中资产的无形性又具备消费者的资产和企业资产的双重性质。另一方面是共有和私有的双面性。品牌的标识，包括商标所有权等属于企业的私有资产，而品牌的认知则存在于消费者心智中，从这点上来讲，品牌又是企业和消费者共有的。但从本质上来讲，品牌是存在于消费者心智中的一种认知，从这一点上来讲，品牌是属于消费者的。

在上述四个基本内涵中，品牌被看作企业的一种商业资产，但品牌更是一种消费者认知，这是四个内涵中最根本的一点，没有了这点，品牌成为企业资产就无从谈起。所以，抓住了品牌就抓住了消费者，实施品牌战略也就等于实施了“以人为本、获取人心”的营销战略。

可口可乐公司前总裁道格拉斯·达夫特曾经说过一句话："如果可口可乐在世界各地的厂房被一把大火烧光，只要可口可乐的品牌还在，一夜之间它会让所有的厂房在废墟上拔地而起。"品牌的威力和魅力由此可见一斑。

关于品牌，行业内还将其分为"强势品牌"和"一般品牌"两大类，而强势品牌又分为集中化品牌和多元化品牌两类。如" DELL 戴尔"是集中化品牌的代表，该品牌与"个人电脑"联系紧密；" DISNEY 迪士尼"则是多元化品牌的代表，该品牌涉及电影、电视、酒店、公园、出版、软件、游轮等领域。麦肯锡在二十多年前做的一项研究显示，强势品牌的股东总回报率比行业平均水平高 1.9%，而一般品牌的股东总回报率则比行业平均水平低 3.1%；在强势品牌中，集中化品牌的股东总回报率仅比平均水平高 0.9%，而多元化品牌的股东总回报率则比平均水平高 5%。

二、品牌的基本特性

品牌有四个基本特性。

（1）差异性。这是品牌与生俱来的特性，没有差异性就不需要品牌了。这种差异性不仅仅体现为简单的标识符号的差异，更是顾客认知的差异，这是最根本的差异。

（2）关联性，或叫联想性，主要包括品类（服务）联想、功能（物质、情感）联想、形象联想、价值联想四个方面。品牌的这四个联想也是下面将要讲到的品牌定位需要清晰界定的内容。

（3）价值性，能满足消费者的使用价值需求和企业的经营价值需求。两者综合起来，使得品牌具有用货币金额表示的“财务价值”，以便用于市场交换的特性。

（4）共有性。品牌不是企业的私有财产，而是消费者与企业共建、共享并共有的。

品牌战略如此重要，那么应如何去做好品牌战略规划呢？又从哪里开始入手呢？

第二章

C H A P T E R 2

品牌战略规划的原点

第一节　原点之争

品牌战略规划的原点在哪里？

品牌战略规划到底应该从哪里入手？从寻找品牌机会点开始，从消费者调研开始，从营销诊断开始，还是直接从品牌定位开始？大家可能会有许多不同的答案，这些答案都无所谓对错，主要是作业的背景、考虑问题的角度不同而已。但从系统性的思维角度出发，品牌战略规划应从环境分析入手。第一章讲到，营销环境的不同决定了营销观念的不一样，而营销观念会直接影响品牌战略，所以在做任何规划之前，营销环境分析都是摆在第一位的。但在实际运作中，我们也经常会碰到以下这两种情况。

一种情况是觉得做分析太浪费时间，为讲究效率就把这部分工作给省掉了。有些企业在请咨询公司提供服务的时候，也经常会说“你们先给我出个方案，我觉得可行咱们就合作”，又或者会说“你们公司这么厉害，给你们一个月时间，帮我把品牌定位做好”。碰到这种情况，我们经常会哭笑不得。虽然不排除某些时候在没有做环境分析的情况下直接做品牌规划，但这里绝大多数的前提都是对品牌已经很了解了，或者企业自己做了研究，否则，这样做的结果只能是“盲人摸象”或者是“纸上谈兵”。从对企业负责的角度来讲，这样做是行不通的。但有时候我们也会在正式做环境分析之前先出一版方案，这些都是供讨论方法和思路的思考案，离最终的解决方案还差十万八千里。

有时候某些资深的营销人员会凭直觉直接给出符合实际的解决方案，看似简单，实则不然。很多直觉的背后其实是智慧，是经历了多年的知识积累和实战经验积累后形成的对事物的直观判断。这种充满智慧的直觉是可遇不可求的，即使是这样，往往也需要对直觉做出的判断通过调研的方式进行验证。

另一种情况是环境分析虽然做了，但觉得分析出来的结论对后面的规划没有参考价值，或者是跟已有认知相差甚远而不相信，导致分析做了等于白做。分析结果没有参考价值的原因不外乎三点：一是分析的方法不对；二是执行过程出现偏差；三是对分析结果的解读有误。因分析结果与已有认知相差甚远而不相信，这里面的原因较复杂，有由于这三个因素导致分析出现差错的原因；但往往很多时候是营销人员先入为主，以已有认知来评判分析结果的对错，认为与已有认知相符或相近的就可信，否则就不可信，其实这种做法是错误的。调研的价值一方面是验证我们的已有认知，但更重要的是发现我们固有认知之外的东西。在这个时候，我们更加要重视自己做出来的分析，也许里面就隐藏着我们过去所没有发现的某些真相，这也是认真做好环境分析的价值所在。所以，品牌战略规划的原点在于具有系统性、逻辑性、科学性的营销环境分析。

第二节　3C 分析及相关模型

营销环境分析的模型很多，这里介绍我们常用的 3C 分析模型及与其相关联的模型。

一、3C 分析模型

3C 分析法又称 3C 战略三角模型，是由日本战略研究的领军人物大前研一（Kenichi Ohmae）提出的。最开始的 3C 是作为制定经营战略的三个关键要素，强调企业的经营战略必须把公司、顾客与竞争者整合在同一个战略内，才有可能保持可持续的竞争优势。后来的广告策划公司及专业营销人吸取了这个模型的精髓后，将其用于多个方面，如奥美将其定义为“奥美品牌三角形”，用于品牌与产品的定位（见第七章第四节中的介绍）；又如我们这里所讲的 3C 分析就是将其用于营销内外部环境的分析，我们称之为 3C 分析法或 3C 分析模型（见图 2-1）。

3C 分析指竞品（Competitor）分析、消费者（Customer）分析、公司（Corporation）分析或本品分析，是营销上一种非常有用的内外部环境分析的工具。这是一种站在品牌或产品的角度，对其内外部市场元素进行的微观分析，目的是找出品牌或产品的具体机会点，包括定位、卖点、支持点、创意点的提炼等。

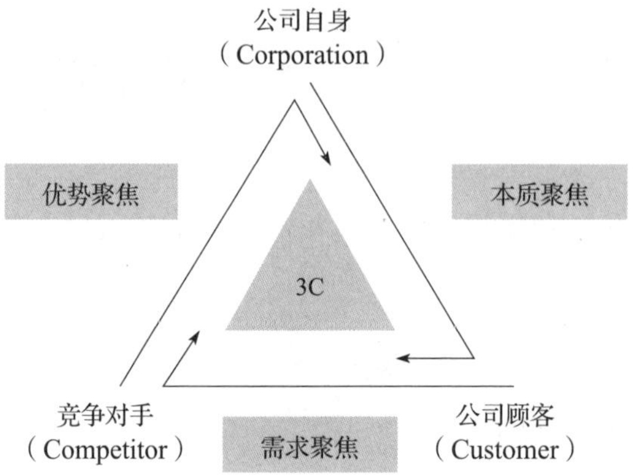

图 2-1　3C 分析模型图

简单而言，3C 分析有三大步骤。

（1）分别就消费者、竞争品牌、本公司进行详尽的分析。

（2）从三个维度进行交叉分析：①消费者—竞争者的维度，结合消费者需求及行为习惯的分析以及竞争品牌的综合分析，力图挖掘出竞争品牌已满足和未能很好地满足的消费者需求；②消费者—本品牌的维度，结合本品牌的优劣势以及消费者的需求、行为习惯特点，挖掘出本品牌能更好地满足的消费者的需求点；③竞争品牌—本品牌的维度，结合本品牌以及竞争品牌的优劣势，挖掘出本品牌相对于竞争品牌的竞争优势或独特之处。通过三个维度的分析，分别找出本品牌的需求聚焦、本质聚焦以及优势聚焦所在。

（3）三个聚焦再进行交叉分析，最终聚焦在一个点上，得出结论。

详细的分析方法见后面章节的叙述。

二、与 3C 分析相关联的模型

关于经营环境分析，经常用到的还有 PEST 模型、五力模型、SWOT 模型等。

1. PEST 模型

PEST 分析是指宏观环境的分析，一般从政策（Political）、经济（Economic）、社会（Social）、技术（Technological）四个层面对外部环境进行分析，侧重于产业、行业的基本面分析。PEST 分析主要从宏观角度进行审视，常用于在企业层、业务层战略制定时的外部环境分析，营销战略（职能层战略）在分析整个行业的基本面时会用到此工具（见图 2-2）。

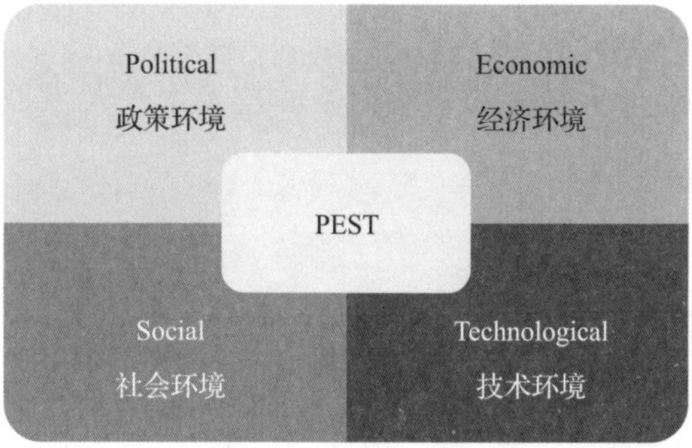

图 2-2　PEST 模型图

政策环境指一个国家的社会制度，包括政府的政策、法令、法规等，如财政政策、税收政策、劳动保护政策及各项监管法规等，这些都广泛影响着行业的发展和企业的经营行为。

经济环境从宏观层面来讲包括国家人口数量、国内生产总值、人均可支配收入等；从微观层面来讲指企业所在地区或市场所在地区的消费者的收入水平、消费偏好、储蓄情况、就业程度等。这些因素直接决定着企业目前及未来的市场大小。

社会环境包括一个国家或地区的居民受教育程度和文化水平、宗教信仰、风俗习惯、审美观点、价值观念等。在一个弘扬正能量、呼吁社会正气、崇尚人文关怀的社会环境中，企业的经营理念必定要顺应这个环境，营销战略更应如此。999 集团感冒灵颗粒的那条短视频“总有人在偷偷地爱着你”之所以能取得 2 亿多点击量的效果并引起业界轰动，与当时社会亟需弘扬正能量密切相关。品牌正是深刻洞察到当时的社会环境以及消费者在当下的敏感神经，才使得这个主题的视频一炮而红。

技术环境指与企业所处领域相关的技术水平及发展趋势，包括研发投入、专利情况等。

2. 五力模型

波特五力分析模型（Michael Porter’s Five Forces Model），又称波

特竞争力模型（见图 2-3）。它指从供应商的议价能力、购买者的议价能力、潜在竞争者进入的能力、替代产品的替代能力、行业内竞争者目前的竞争能力五个方面对企业面临的市场中各个相关方对企业的影响能力进行分析，既有宏观角度也有微观角度。五种力量不同组合的变化最终影响行业利润潜力的变化。

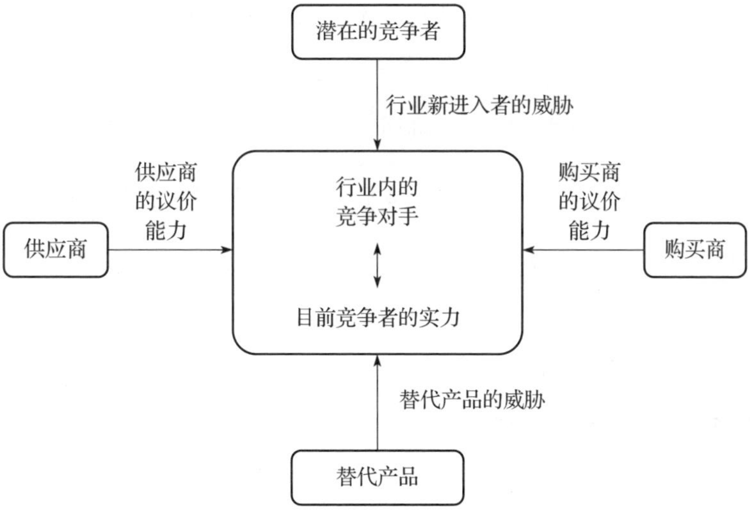

图 2-3　波特五力模型图

（1）供应商的议价能力。供应商主要通过提高供应价格与降低单位供应品的质量，来影响行业中现有企业的盈利能力与产品竞争力。

（2）购买者的议价能力。购买者主要通过压价与要求提供较高质量的产品或服务，来影响行业中现有企业的盈利能力。

（3）潜在竞争者进入的能力。新进入者有可能与现有企业发生原材料与市场份额的竞争，最终导致行业中现有企业盈利水平降低，严重的话还有可能危及现有企业的生存。竞争性进入威胁的严重程度取决于两方面的因素：即进入新领域的障碍大小与预期，以及现有企业对于进入者的反应情况。

（4）替代产品的替代能力。两个处于同行业或不同行业中的企业，可能会由于所生产的产品互为替代产品，从而在它们之间产生相互竞争行为。这种源自于替代产品的竞争会以各种形式影响行业中现有企业的竞争战略。跨行业的替代往往容易被忽视但却越来越需要被重视，如大家熟知的打败柯达胶卷的是智能手机，与方便面抢夺市场的是饿了么和美团等。

（5）行业内竞争者目前的竞争能力，包括品牌力、产品力、价格优势、渠道优势、广告、售后服务，甚至人力资源、资金实力、企业文化等方面。

五力模型主要从竞争的角度，对企业战略（包括企业层战略和业务层战略）的制定提供竞争环境分析，尤其是业务层战略。营销战略（职能层战略）的制定有时会用到此工具，但不多。此工具主要用于环境分析中本品分析的时候，把企业放在行业相关方的整体维度上进行考量，挖掘出企业面临的机会和威胁。

3. SWOT 模型

SWOT 分析指优势（Strengths）、劣势（Weaknesses）、机会（Opportunities）、威胁（Threats）四个维度的分析，侧重于企业内部环境的分析，主要从微观角度分析企业（或品牌）本身的优劣势，以及把企业（品牌）放在整个市场环境中将面临的机会和威胁进行分析。机会和威胁虽然属于外部因素，但是站在企业自身的视角而言的，是从企业本身出发来考虑机会点和威胁点的，所以仍属于微观层面的内部环境分析。外部客观存在的某个因素对其他企业可能是个机会，也可能是个威胁，但对自己企业而言则未必；反之亦然。这个工具比较常用，且适用面广，在企业层、业务层、职能层战略制定时都会用到。通过SWOT分析，可以帮助企业把营销资源聚集在自己的强项和有最多机会的地方，并让企业的营销战略变得更加清晰。SWOT分析模型也被广泛用于品牌战略的规划中。

（1）优势与劣势分析：在做优劣势分析时必须针对企业的整个价值链的每个环节，将企业与竞争对手做详细的对比。同时，衡量一个企业及其产品是否具有竞争优势，只能站在现有用户的角度上去考虑，而不是站在企业的角度上。

（2）机会与威胁分析：站在企业外部环境的角度上，从外部环境分析的各个维度，对照企业自身情况进行对比判断。

关于SWOT模型的进一步使用方法，将会在第四章第三节中详细叙述。

上述几个模型是我们经常会用到的环境分析模型，其各有侧重点。由于分析的角度、立足点不同，这几个模型的分析目的和主要用途也略有差别，具体对比情况如表2-1所示。

表 2-1 环境分析模型异同比较

工具	分析角度	分析目的	立足点	主要用途
PEST 模型	宏观	外部基本面分析	产业、行业	企业层、业务层战略制定
五力模型	宏观 + 微观	站在行业角度，对企业进行外部竞争能力分析	行业、企业	企业层、业务层战略制定
SWOT 模型	微观	站在内部角度，结合外部环境，进行内部机会方向分析	企业	企业层、业务层、职能层战略制定
3C 模型	微观	站在内部角度，结合外部环境，进行内部机会点分析	品牌、产品	品牌、产品营销策略制定

以上几种工具可单独使用，也可组合使用。通常较多的是 PEST 模型 + 五力模型组合使用，以摸清企业面对的外部环境基本面及竞争状况，用于指导企业战略制定；还有 SWOT 模型 +3C 模型组合使用，以从微观层面充分了解内外部的竞争点和机会点，做到知己知彼，用于指导品牌、产品战略的制定。

第三章

C H A P T E R 3

竞争环境分析

如第二章所述，3C分析是对品牌或产品相关的内外部元素所进行的微观层面的分析，是寻找品牌机会常用的分析工具。也有人将此工具叫做“三情分析”或延展为“四情分析”，甚至“五情分析”：敌情、我情、客情、行情、舆情。“三情”就是3C分析里的三个要素，即敌情、我情、客情，也是至关重要的三个要素，为品牌机会的寻找提供了思考的清晰脉络和重要角度；把行业的整体分析（行情）加进来就变成了“四情”；再把传播及舆论环境分析（舆情）加进来就成了“五情”。有些甚至还把国家宏观政策、经济环境分析（国情）加进来，变成“六情”分析。不管是几个“情”，核心方法是一样的，根据需要进行选择即可。在这一章里我们重点叙述“敌情”（竞争环境）分析方法论。

敌情分析（Competitors），即竞争分析，之所以定义为“敌情分析”是通俗化表达的需要；从专业角度来说，应该叫“竞品分析”或“同行分析”。其目的是通过从各个维度分析竞争品牌的现状和未来趋势，来评估品牌所面临的竞争环境，把握竞争机会并寻求品牌差异化。

做竞争分析一般包含四个步骤：竞争对象选择、竞争格局分析、竞争对象分析、对标分析、竞争机会选择。

第一节　竞争对象选择

竞争对象选择是做竞争分析的前提。跟谁比很重要，对象选错了，很可能会导致后面的竞争机会选择、品牌差异化提炼出现方向性错误。选错竞争对手是很多企业容易犯的错误。

我们在提供服务的太极集团的藿香正气口服液，2020 年在全新定位下，通过一系列的媒介宣传和地面推广活动，取得了品牌认知和销量的双丰收。当时在做定位之前的竞争品牌分析中，我们就非常明确地把藿香正气水这类产品排除在竞争品牌之外。一个叫藿香正气（口服）液，一个叫藿香正气水，虽然两者名称上只是一字之差，功效成分及功能主治也十分接近，但生产工艺区别很大。其最大的区别还在于“液”类产品不含酒精，而“水”类产品含有酒精。两者虽然主要成分几乎一样，但由于生产工艺和药材配伍的差别，使得“液”类产品无论是在产品形态、功效上还是在零售价上都比“水”类产品高出很多。如果我们将“水”类产品定义为竞争品牌甚至是主要竞争品牌，那核心的差异点就在于是否含酒精上，宣传的重点就有可能落在“不含酒精，开车也能喝”上面，这确实也是企业过去曾经大力宣传的卖点，但收效甚微。另外，如果将其定义为主要竞争品牌，我们在价格定位上也必须有所行动，因为藿香正气口服液在川渝地区的零售价是 20 元 / 盒（10ml × 10 支装），而同样规格的藿香正气水类产品的零售价大多在 3 ～ 8 元 / 盒。在实际运作中，藿香正气口服液的价格不仅没有下降，反而在川渝地区的价格还上调了。原因何在？我们通过分析认为，虽然两者同属“藿香正气口服类”产品，但在核心成分的选择、生产工艺、消费者利益体验、消费群构成等方面，两者根本不是一个竞争带的产品，所以不能把“水”类产品作为我们产品定位和营销策略制定的竞争参考对象。

这里提出一个“竞争带”的概念，对竞争对象的选择非常关键。企业一般需要选择同属一个竞争带的产品作为竞争对象，尤其对主要竞争对象的选择更是这样。竞争带的区分没有统一的标准，不同品类甚至不同产品，其标准可能都会不一样。但一般会从产品特性、消费群构成、形象定位、价格定位、市场角色或市场份额等因素去区分。如考虑消费群构成因素，有些看似同类的产品，其消费群有可能完全不一样，即人群定位不同。而且这两类人群之间的相互转换非常难，倒不一定是品牌忠诚度的原因，有时有可能就是消费习惯的问题。像上面提到的两个产品，买“水”类产品的人群极少去买“液”类产品，因为他们已习惯了产品里的酒精成分，其中有部分消费者还非常喜欢，他们不会轻易花多几倍的价格去购买在他们眼中未必是更好的“液”类产品或其他同样是不含酒精的“丸”类、“胶囊”类产品；而同样地，“液”类产品的消费者也不会因为图便宜而放弃购买“液”类产品转而选择“水”类产品，这些放弃购买“液”类产品的消费者大多会选择其他同样是不含酒精的藿香正气类产品。

当然，竞争带的划分还有很多其他参考因素，有时也不是仅凭一个因素来划分，有可能会综合考虑几个因素来做定论，在此就不一一展开来叙述了。

竞争带的划分和选择与竞争格局密切相关，但更重要的是与企业品牌的定位、愿景和目标紧密相关。企业品牌目前的状况不重要，重要的是企业品牌未来的愿景，要以未来的愿景为目标来选择竞争对象。我们正在服务的某企业欲由药品领域延伸发展至保健品领域，推出全新的保健品品牌，其目标是以几个单品为核心，构筑维矿类、功能类的全品类产品线，并力争成为目标市场的第一品牌。我们首先分析目标市场的竞争格局，发现市场集中度很低，前五品牌的集中度是 19.9%，前十品牌的集中度也才 30.4%，汤臣倍健是领导品牌，如图 3-1 所示。

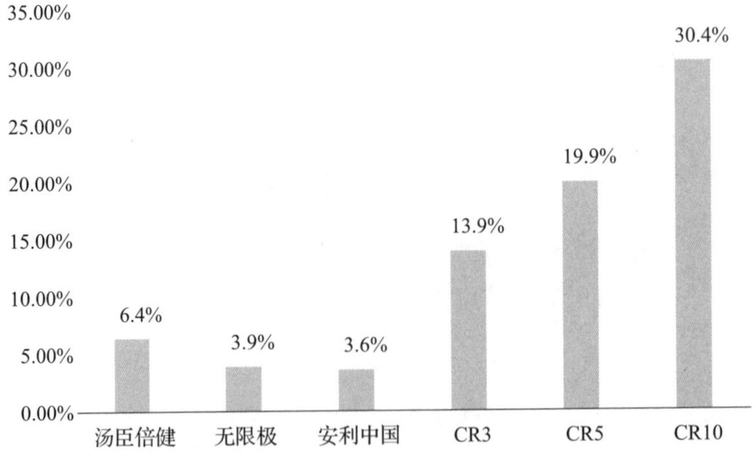

图 3-1 2020 年我国保健品行业主要品牌市场份额及集中度

数据来源：Euromonitor 欧睿。

其中无限极、安利中国主要是直销。在 OTC 零售市场上，汤臣倍健是绝对的领导品牌，呈现出 1+N 的市场格局，即一品独大，N 个品牌各占一点小份额或占据某一个细分品类，如图 3-2 所示。

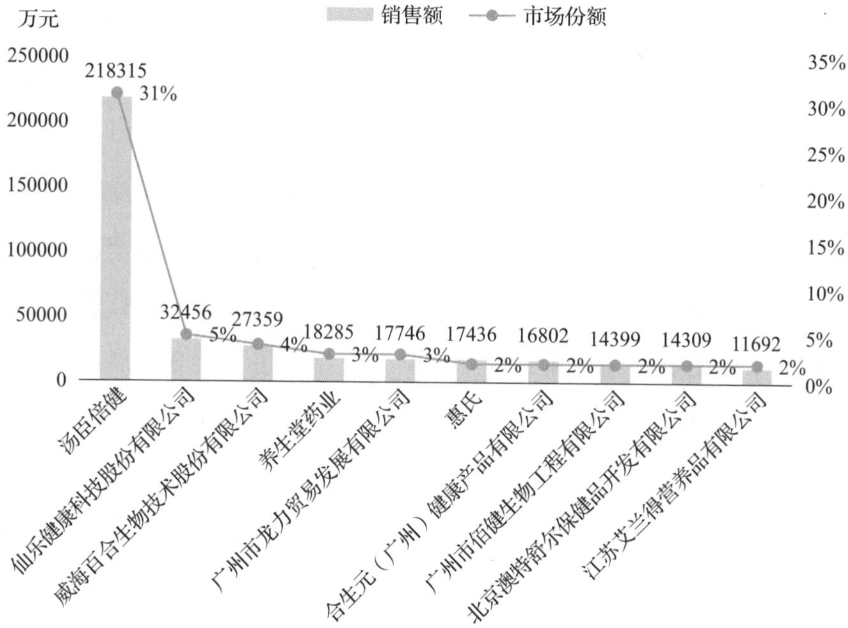

图 3-2　2020 年保健品 TOP10 品牌的销售额及市场份额

数据来源：米内网，2020 年保健品年度销售格局，样本店数据。

在选择主要竞争品牌的时候，企业方有不同的意见，认为汤臣倍健太强大了，自己的品牌刚创立，不可能与其相比，应该选 1+N 格局中 N 里面的某一个作为主要竞争品牌来分析；也有人认为应选老二或老三，即无限极或安利作为主要竞争品牌来分析。作为咨询公司，我们给出的建议是，在主要竞争品牌的选择上，首先考虑渠道的特性，其次考虑自身品牌的发展愿景。因直销渠道和 OTC 零售渠道在渠道特性上存在本质上的区别，由渠道特性所决定的产品线结构、价格策略、推广策略等都存在很大的区别，因此首先剔除了无限极和安利作为主要竞争品牌的可能性。再者，虽然是初创品牌，但愿景是要成为目标市场的第一品牌，我们应以未来推及现在，目前所做的品牌定位、产品线结构、品牌形象等，都要以未来第一品牌的要求和标准来对照，因此，必须选择汤臣倍健作为主要的竞争品牌来分析。

对于不是一个竞争带的产品，我们不会将其作为主要竞争品牌来对待，更不会将其作为品牌定位时挖掘差异化卖点的参考依据，但不等于就不用分析这类产品，也不等于就不重视这类产品。我们不仅要分析，而且还要时刻关注其变化情况，现在不是主要竞争品牌不等于以后不会成为竞争品牌。对于这类产品，我们的策略是“做好我自己”。有些企业虽然不会将这类产品列为定位参考，但会在销售策略上季节性地采取一些针对性措施，一方面更加凸显自己，另一方面也起到适时适当地抑制对方的目的，这种情况一般是出于渠道竞争的需要。

竞争对象的选择很重要，一般可参照品类属性、功能属性、人群属性、品牌的市场地位、品牌的发展阶段等因素进行筛选。譬如，挑战品牌通常会关注领导品牌，而领导品牌则会更关注行业外标杆，区域品牌更关注与自身相当的区域竞争品牌。在竞争对象选择时，需要站在消费者的角度来思考，即要考虑在消费者的心目中它们是不是竞争产品，是否具备很强的可替代性，所以消费者心目中的“可替代性”也成为竞争品牌选择的一个很重要的考虑点。因此，在众多因素中，品类属性有时会显得没那么重要，因为在消费者的心目中，首先考虑的是品牌能给我带来什么利益点及是否适合我使用，而不太关注品牌到底属于什么品类。跳出品类局限的跨界思考往往会发现新的赛道。如中智药业的草晶华牌鱼腥草破壁草本，严格来讲属于中药饮片品类，如果只在中药饮片品类里寻找竞品则有极大的局限性。根据消费者心智中对鱼腥草的功效认知——清热解毒，进一步在中成药品类或西药品类，甚至是保健品品类里寻找竞品，则更易发现其差异点和竞争机会。在迭代速度很快的当今，不仅是同一小品类或同一大品类之间存在可替代性，而且很有可能出现跨品类之间的替代。所以，在竞争对象选择时，须留意跨品类之间的可替代性。如方便面的竞争者竟然是美团外卖和饿了么，远远跳出了方便面所在的品类；打败微型数码相机的不是相机品类，而是智能手机。在科技高速发展的今天，这样的案例并不鲜见。但像这种跨大品类替代的情况一般不可预计，就像科技的发展和人类消费习惯的重大改变往往无法准确预测一样。

竞争分析一般会选择 5 ～ 10 个左右的品牌作为分析对象，其中的 3 ～ 5 个作为重点分析，其中的 1 个作为对标分析。还有的会把竞争对象按以下级别进行划分。

（1）直接竞品。产品功能相似，目标人群重合，解决方案与技术无明显差异。直接竞品又可以划分为核心竞品、重要竞品和一般竞品三个级别。

（2）间接竞品。产品功能、形态和解决方案不同，但用户群高度重合，解决的用户需求相同，目前不构成直接的利益竞争，但未来有很大的竞争风险。跨界品类大多属于间接竞品。

第二节 竞争格局分析

前面讲过，竞争分析有四个步骤：竞争对象选择、竞争格局分析、竞争对象分析及竞争机会选择。完成竞争对象选择后就进入了真正的分析过程，分析的第一步是先分析整体竞争格局状况，从大局着眼，先看森林后看树木，胸怀大局才能决胜千里之外。这也是有些企业容易忽视的地方，竞争分析一开始就瞄准某个竞争对手，这样做的结果是容易迷失方向，容易被局部现象牵着鼻子走。竞争格局分析需要进行资料的收集、归类、分析、总结，从而得出竞争格局、竞争趋势的结论。

竞争格局分析资料收集通常有六个渠道。

（1）终端，即渠道走访，收集产品实物、终端表现、渠道反馈等资料。

（2）常用数据库对相关资料的收集，如快消行业的尼尔森零售数据、英敏特零售数据；药品行业的标点信息提供的药店销量数据库、中康资讯提供的药店零售数据库、CSM 等的媒介数据、CNRS 等的消费者跟踪调查数据，等等。

（3）企业公开资料（如上市公司财报、官网官微等自媒体上公布的信息等）。

（4）互联网二手资料收集。

（5）购买专业公司提供的专项调研报告或数据分析报告，如有些行业协会每年都会公布该行业的分析报告。

（6）必要时通过专项市场调研手段获取相关资料。

归类与分析：按一定的维度对信息进行分类并归纳分析。

总结：首先，每个维度的分析都需要对整体竞争品牌有总结性的结论输出；其次，对重点品牌还要有针对性的结论输出；最后，对整体的竞争态势做出总的结论性判断，即如上所说的聚焦在竞争格局、竞争趋势、品牌能力、对标分析四个方面。

资料的收集、归类、分析、总结同样适用于竞争对象的分析阶段。

竞争格局分析一般从行业规模、发展阶段、行业集中度（一般用 CR4 来衡量）几个方面来界定（见图 3-3）。

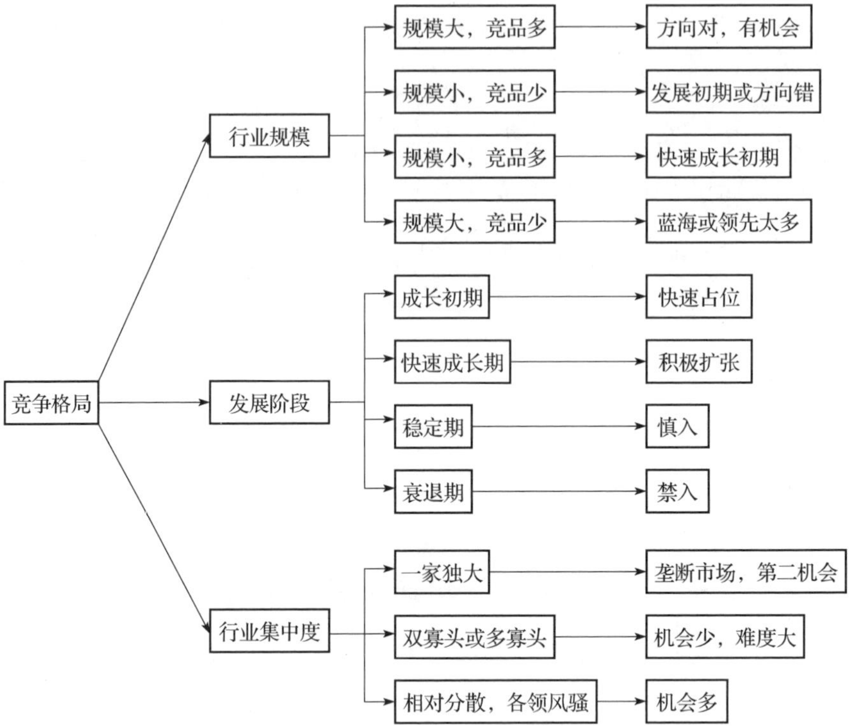

图 3-3 竞争格局分析判断图

一、行业规模

关于行业规模大小，并没有统一的标准来判断，都是相对而言的，但一个大品类里的各细分品类，则是可以根据各细分品类的市场份额占比来判断其规模大小。如同样属于非处方药（OTC）中成药大类，呼吸系统疾病用药、消化系统疾病用药、心脑血管疾病用药、补气补血类用药、骨骼肌肉系统疾病用药的市场份额都超过 10%，是市场规模较大的品类，特别是呼吸系统疾病用药品类，市场份额更是高达 24.91%，是市场规模最大的品类（见图 3-4）。

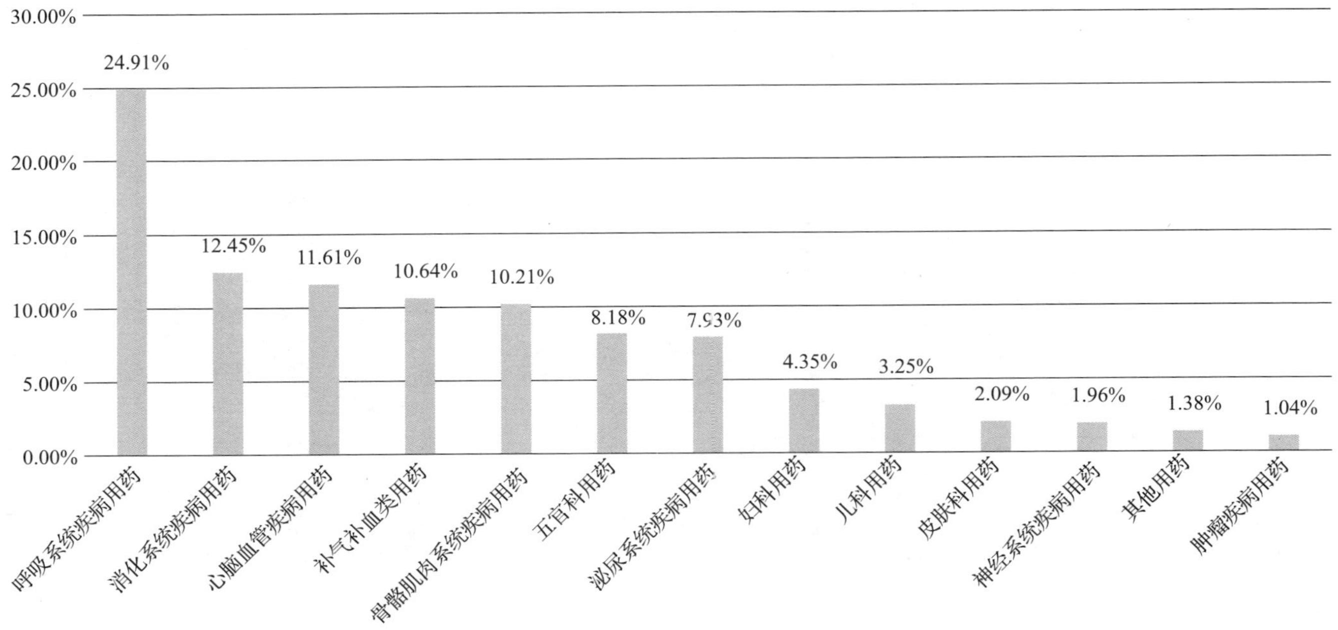

图 3-4 2020 年零售中成药市场各品类市场份额

数据来源：米内网 22 重点城市零售，2020 年。

另外，行业规模的大小还可以与该行业的竞争品牌数量结合起来进行分析，来进一步判断整体行业格局（见图 3-5）。

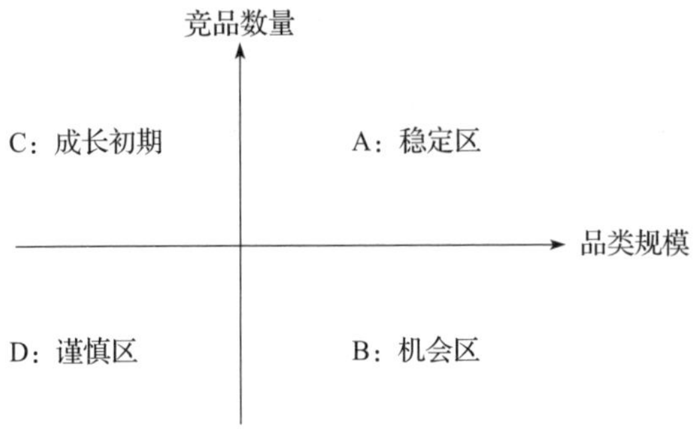

图 3-5　品类规模－竞品数量象限图

A 象限属于品类规模大，竞品数量多，归为稳定区。处在 A 象限说明方向选择正确，而且市场机会也多，但面临着激烈的市场竞争。

B 象限属于品类规模大，竞品数量少，归为机会区。处在 B 象限说明企业找到了一个蓝海市场，或者是企业在某些方面领先竞品太多，竞争优势巨大，非常容易成长为领导品牌。

C 象限属于品类规模小，竞品数量多，归为成长初期区。处在 C 象限大多意味着是在行业发展的快速成长期，具备一定优势、善于把握先机的企业往往能抓住行业大发展的机会迅速做大自己并成为行业领导品牌。

D 象限属于品类规模小，竞品数量也少，归为谨慎区。处在 D 象限不外乎是两种情况，一是行业发展初期，参与的品牌还不多，品类也处于发展初期阶段，规模自然就小；但如果品类方向是对的，加以培育，市场规模会逐步做大，参与的竞品也会逐渐增多，行业发展一般会从 D 象限进化到 C 象限，再到 A 象限；但对于一些政策监管性强或进入门槛高的行业，如药品行业，则会从 D 象限进化到 B 象限，最后进化到 A 象限。二是有可能企业选择的方向是错的，才出现参与者少和规模小的情况；或者是衰退性行业，原来的参与方不断退出，行业规模也随之减少，这是属于需要规避的情况。

众多中小企业一般会从 A 或 B 象限入手，由于品类规模大，容易寻找机会快速立足。只有实力强大的企业才敢涉足 C、D 象限，因为这两个象限是需要培育市场的，是需要时间积累的，在培育和积累的过程中，不排除会碰到些坎坷曲折，对于中小企业来讲风险是非常大的。尤其是 C 象限，品类规模小的同时又面临着众多品牌的竞争，大多品牌都处于投入阶段，投入产出不成比例是普遍现象。

二、发展阶段

对行业发展阶段的分析，首先要弄清楚行业生命周期的概念。任何行业的发展都会经历从行业产生、行业发展到行业成熟和衰退的过程，这个过程就是行业的生命周期。行业的生命周期一般可划分为以下四个阶段。

1. 行业产生期

行业产生期是行业发展的初期。由于新技术本身的不成熟，以及显在市场规模小、市场前景的不明朗，企业需要投入较大的研究发展费用的同时获利相对较少。这个阶段企业需要承担较大的市场风险，但同时也可能面临着巨大的市场机会和先发优势。

2. 行业发展期

当行业进入发展期，新技术逐渐成熟，新产品得到消费者的认可，企业获利不断增加，行业在迅速扩容的同时，也吸引了众多企业参与进来。在这一阶段企业也会面临风险，主要是技术革新及产能扩容所带来的新增投入与市场发展速度之间是否匹配的风险。但较行业产生期，风险已大大减小。在这个阶段，管理水平高，较早进入该行业及拥有资源优势的企业会获得较丰厚的回报。

行业发展期是个较长的时期，并不是一直往前发展，也不是匀速发展的，过程可能反复曲折。细分之下，大体会经历三个小阶段：行业成长期、行业平台期、行业快速发展期。行业成长期发展速度相对较平缓，到一定阶段会碰到瓶颈，这时候或要进行技术的再革新，或要经历行业洗牌，因此整个行业的发展进入平台期，平台期之后可能会稍许回落。经历革新、调整或整顿之后，行业将迎来快速发展期，这个阶段是行业发展最快的阶段。有些行业有可能会经历不止一次这样的平台期，每一次平台期后，行业都将迎来新的快速发展期。

3. 行业成熟期

发展期之后是成熟期。在这一阶段，行业规模缓慢增长，行业内的竞争变得更为激烈，企业利润率也随之下降。这个阶段常见的是企业纷纷以低价策略争夺市场份额。进入这一阶段，企业大多表现出稳健发展的特征，收益增长虽不及发展期，但风险却更小。在这个阶段进入的企业，如能不断开发新技术、新市场，且经营得当，在整体行业增长缓慢的大形势下还是能获得快速成长的，这就是企业“小环境”与行业“大环境”之间的区别。“小环境”虽然受制于“大环境”，但“小环境”如经营得好，也能做到一枝独秀。

4. 行业衰退期

行业进入衰退期，规模会逐渐减少，利润下降。这时竞争将主要来自新行业的成长。

行业生命周期及其各阶段的特点可用图 3-6 表示。

以上曲线描述了一个行业大体的发展规律，也被称为“第一曲线”，此概念是相对于“第二曲线”而言的。所谓的企业发展的“第二曲线”（见图 3-7），指的是如果组织和企业能在第一曲线到达巅峰之前，找到带领企业二次腾飞的“第二曲线”，并且第二曲线必须在第一曲线达到顶点前开始增长，弥补第二曲线投入初期的资源（金钱、时间和精力）消耗，那么企业永续增长的愿景就能实现（出自英国管理思想大师

查尔斯 · 汉迪的著作《第二曲线：跨越“S 形曲线”的二次增长》)。

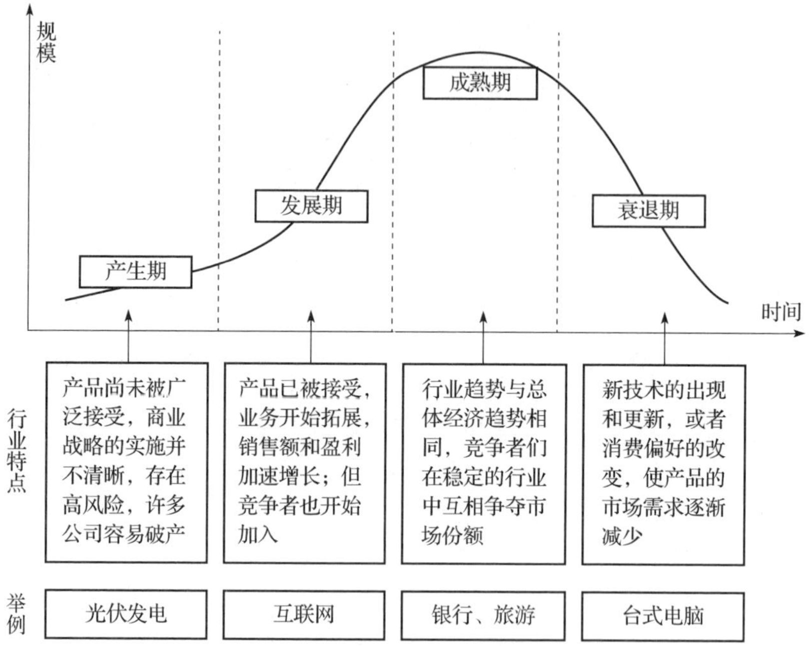

图 3-6　行业生命周期曲线图

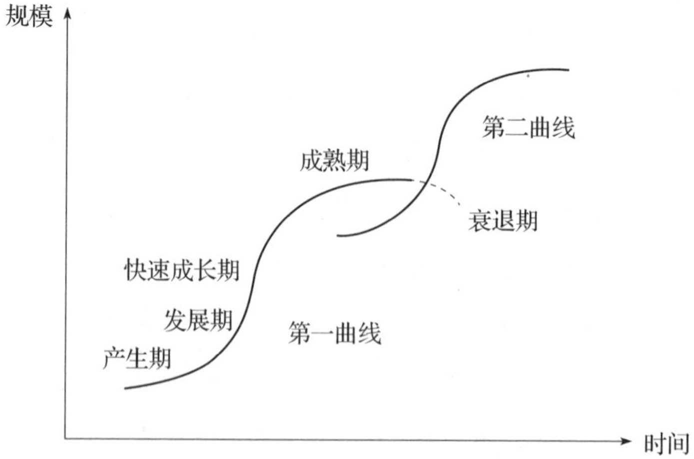

图 3-7　第二成长曲线示意图

三、行业集中度

关于行业集中度的判断，一般根据行业内前四品牌的市场份额（称为 CR4）来定义。根据美国经济学家贝恩和日本通产省对产业集中度的划分标准，将集中类型（CR4 值）分为六个等级（见表 3-1）。

表 3-1　CR4 值等级划分表

市场结构	市场集中度 CR4 值
极高寡占型	CR4 ≥ 75%
高集中寡占型	65% ≤ CR4<75%
中（上）集中寡占型	50% ≤ CR4<65%
中（下）集中寡占型	35% ≤ CR4<50%
低集中寡占型	30% ≤ CR4<35%
原子型	CR4<30%

据统计，我国大部分的行业，其集中度都属于原子型。

CMMS2018 年的数据（见图 3-8）显示，可乐品类的 CR4 已经达到了 86.5%，品类市场属于极高寡占型，市场结构已经非常稳定；而牙膏品类的 CR4 则为 34%，品类市场属于低集中寡占型，表明市场竞争激烈，经营稍有松懈，排位就可能下降，同时新进品牌的机会也是较多的。

可乐	
可口可乐	35.5%
百事可乐	34.4%
健怡可口可乐	8.9%
百事轻怡可乐	7.7%
CR4	86.5%

牙膏	
佳洁士	11.2%
高露洁	9.3%
黑人	8.1%
冷酸灵	5.4%
CR4	34.0%

图 3-8　2018 年可乐品类、牙膏品类部分品牌 CR 值一览

也有以 CR8 作为划分标准的，根据 CR8 值将行业集中度划分为四个等级（见表 3-2）。

表 3-2　CR8 值等级划分表

市场结构	市场集中度 CR8 值
极高寡占型	CR8 ≥ 70%
低集中寡占型	40% ≤ CR8<70%
低集中竞争型	20% ≤ CR8<40%
分散竞争型	CR8<20%

竞争趋势：结合行业的发展趋势、主要竞争品牌的策略变化及其带来的市场影响，判断潜在竞争的来源、未来竞争格局及竞争机会。

第三节 竞争对象分析

竞争对象分析是对所选定的竞争品牌，从产品属性、品牌属性、推广属性、市场属性四个层面进行资料的收集、归类、分析，并对竞争品牌的品牌能力进行判断的过程。

一、竞争对象分析的四个层面

首先，产品属性分析是基于产品本身固有的特征进行分析，包括产品成分、含量、功能、包装、规格、价格、技术工艺、历史沿革等，对其进行归类，并找出其区别于其他品牌的优势所在。

其次，品牌属性分析是基于品牌价值体系所做的分析，包括品牌定位、品牌形象、品牌个性、卖点、支持点、广告语等。每个品牌的品牌价值体系都应该是独一无二的，不存在对错之分，也不存在好坏之别，只是适合不适合以及哪个更优的问题。分析的关键是要找出在品牌发展过程中起关键作用的那个要素，有些品牌，可能一句广告语就是其品牌成长的关键因素。如我们耳熟能详的“充电五分钟，通话两小时”，虽然不能说这句广告语是OPPO品牌成长的关键因素，但确实是 OPPO 闪充手机这款产品快速成长的关键因素。

再次，推广属性分析是基于企业品牌推广活动的分析，包括销售渠道、媒体传播、各类活动等。一般会分析其渠道结构及主要渠道政策，近几年的媒介传播费用和构成，线上线下的主题性推广活动等。

最后，市场属性分析包括销售额、市场份额、增长趋势、品牌表现等四个层面。前三个指标可直接从第三方数据库或企业年报中查询。品牌表现主要指品牌的市场角色，如领导品牌、跟随品牌、一般竞争品牌等。

二、竞争品牌的品牌能力判断

完成以上四个层面的分析后，需要对竞争品牌的品牌能力做评估。所谓品牌能力，是指清晰界定各主要竞争品牌的竞争能力，为判断可能的竞争机会提供线索。一般包括品牌定位图、品牌资产监测、品牌发展指数、品牌影响力、品牌管理指数五个维度。

（一）品牌定位图

品牌定位图（Brand Mapping）指找出品类中或竞争中最重要的两个维度，对各品牌的定位布局进行清晰界定，以明确具体品牌的定位区隔和“竞争带”。示例如图 3-9 所示。

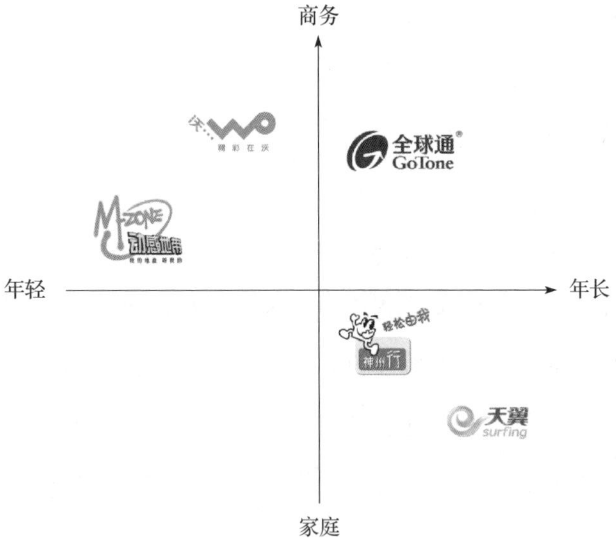

图 3-9　通信市场的品牌定位图示例

分析维度根据品类和分析目的的不同而有很大差异，常用的分析维度有：

（1）人群属性维度。如：年长—年轻，男—女，已婚—未婚，产前—产后，商务人士—居家人士，受教育程度高—低，收入高—低，拼搏—安逸等。

（2）场景属性维度。如：商务—家庭，户外—室内，夏天—冬天，早—晚，居家场合—朋友聚会场合，节日—平时等。

（3）态度属性维度。如：理性—感性，乐观—悲观，价格敏感度高—低，自我—从众，忠诚—游离等。

（4）产品属性维度。如：高价—低价，含量高—低，效果慢—快，急性—慢性，外用—内服，个性化—大众化等。

（5）形象属性维度。如：经典—时尚，高档—低档等。

（二）品牌资产监测

消费者对品牌的认知和感知的全部构成了品牌资产，一般通过市场调研的方式获取。常规的调研包括抽样调研与大数据调研两个层面。抽样调研有定量与定性相结合的 U&A 调研，主要研究消费者对品牌的认知态度与使用行为，通过消费者品牌画像的方式研究品牌在消费者心智中的认知印象，这些研究也有助于描绘品牌定位图。

另外一种通过抽样调研来研究品牌资产的方式是直接查询 CMMS、CNRS 等常用的数据库，只要有收录的品牌，都能查询到其关于品牌态度与使用行为的数据。

随着大数据技术的发展，目前已可通过百度、阿里等提供的各种数据工具来研究品牌态度与行为，如百度指数、生意参谋等。现在很多企业越来越重视对大数据研究结果的运用，由于样本量很大，对于需要定量研究的项目而言，其精准度和可信度一般会高于传统的抽样调研方式；而对于需要定性特别是需要深度挖掘的研究项目而言，传统的定性调研方式则是必不可少的。对竞争品牌的品牌表现研究得越透彻，对整体竞争状况就会越有把握，也就越容易发现自己品牌的机会所在。

（三）品牌发展指数

品牌发展指数是描述特定市场状况的一个指标，用来衡量一个品牌在区域市场的发展程度，常缩写为 BDI。BDI 的计算方法是把品牌在该区域的销量占全国销量的比例与该区域的人口占全国人口的比例做比较，得出一个指数：

$$\text{BDI}=\frac{\dfrac{\text{品牌在该区域的销量}}{\text{品牌的全国销量}}}{\dfrac{\text{该区域人口数量}}{\text{全国人口数量}}}\times 100$$

BDI 指数大于 100 表明品牌在该区域的发展水平高于全国平均水平，数值越大，发展程度也就越高；反之亦然。

在实际应用中还有一个叫“相对发展指数”的概念，即计算某品牌在该区域的销量占整个品类在该区域销量的比例：

$$\text{BDI}=\frac{\text{某品牌区域销售量}}{\text{产品类别的区域销售额}}\times 100$$

按以上公式计算出来的其实也是该品牌在该区域的市场份额，它表明了在该区域市场中，某类别产品消费者选择该品牌产品的程度。数值越大，表示该品牌产品越受欢迎；数值越小，表示消费者越不重视该品牌。这种计算方法主要用以分析同一个区域中不同品牌之间发展程度的差异，数值越大，品牌份额就越大，品牌在该区域的发展就越充分。这种计算方法也可以用来分析同一品牌在不同区域的市场份额的差异，或叫发展程度的差异。数值越高的区域越能表明该品牌在该区域的发展比其他区域强。

除品牌发展指数外，还有品类发展指数，即 CDI，用来衡量某品类在区域市场的发展程度，其计算公式是：

$$\text{CDI}=\frac{\dfrac{\text{品类在该区域的销量}}{\text{品类的全国销量}}}{\dfrac{\text{该区域人口数量}}{\text{全国人口数量}}}\times 100$$

CDI 指数大于 100 表明品类在此区域的发展水平在全国平均水平之上，数值越大，发展程度也就越高；反之亦然。

企业通常会把 BDI 与 CDI 结合起来进行分析，用于指导区域市场推广策略的制定。按照 BDI 与 CDI 的高低可将区域市场分为四个类别（见图 3-10）。

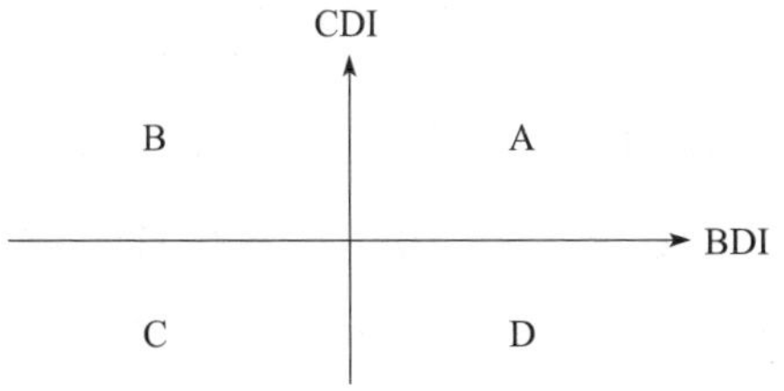

图 3-10　区域市场象限图

处于 A 象限的是高 CDI、高 BDI 的市场，品牌发展良好，品类的潜能也大，是重点投入的市场；处于 B 象限的是高 CDI、低 BDI 的市场，品类潜力大但品牌份额低，品牌发展不好，可重点培育；处于 C 象限的是低 CDI、低 BDI 的市场，品牌发展不好，品类的潜能也不大，属于不应该重点投入或不能投入推广资源的市场；处于 D 象限的是低 CDI、高 BDI 的市场，品牌发展良好，但品类的潜能不大，大多属于衰退市场，需要减少投入或仅仅是维持性投入的市场。

（四）品牌影响力

除品牌发展指数等量化指标外，还可以用品牌影响力指标来评估品牌能力。品牌影响力是指品牌开拓市场、占领市场并获得利润的能力。品牌影响力已成为左右顾客选择商品的重要因素。其评价指标来源于消费者对品牌的直接评价和认可，主要有品牌知名度、品牌渗透率、品牌忠诚度，其中品牌忠诚度是核心指标。若延展开来，还有品牌转化率、品牌美誉度、品牌认知度、品牌偏好度、品牌满意度等指标。品牌影响力的这几个常见指标一般都是通过市场调研的方式来获取的。

第一，品牌知名度。品牌知名度是指在目标受众中知道品牌的人数占总的目标受众人数的比例。在市场研究中通常有提及知名度、无提及知名度、第一提及知名度。第一提及知名度是未经任何提示的前提下，主动回答的第一个品牌，此指标最重要，是品牌知名度的最高层次，领导品牌都非常重视第一提及知名度。

第二，品牌渗透率。品牌渗透率指过去曾使用过该品牌的人数占总的目标受众人数的比例。

第三，品牌忠诚度。品牌忠诚度指经常使用人群占总使用人群的比例。

第四，品牌转化率。品牌转化率 $=\frac{\text{品牌渗透率}}{\text{品牌知名度}}$。

第五，品牌美誉度。品牌美誉度是品牌在消费者心中的良好形象，真正反映品牌在消费者心智中的价值水平。美誉度与认知度是紧密相关的，认知度是美誉度的基础。

第六，品牌认知度。

一是品牌认知度的概念。品牌认知度是衡量消费者对品牌内涵及价值的认识和理解度的标准。品牌认知是公司竞争力的一种体现，有时会成为一种核心竞争力。特别是在大众消费品市场，各家竞争对手提供的产品和服务的品质差别不大，这时消费者会倾向于根据品牌的熟悉程度来决定购买行为。在大卫·艾克提出的“品牌价值”概念中，提到了品牌建设的四段里程，即：品牌知名—品牌认知—品牌联想—品牌忠诚。大卫·艾克认为一个成功的品牌，首先应该具备比较高的知名度，然后是受众对该品牌的内涵、个性等有较充分的了解，并且这种了解带来的情感共鸣是积极的、正面的，最后，在使用了产品、认可了产品价值后，还会再次重复购买，成为忠诚的消费者。

二是品牌认知度 – 美誉度象限图。品牌认知度 – 美誉度象限图（见图 3-11）清晰地描述了不同的品牌影响力指标的组合给品牌发展周期的启示。针对不同的象限可采取不同的市场策略。

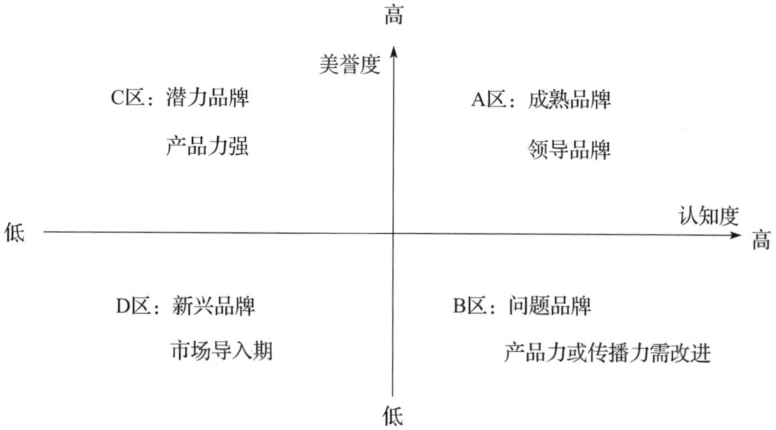

图 3-11　品牌认知度 – 美誉度象限图

A 象限是最好的，品牌认知度高，美誉度也高，属于领导品牌或成熟品牌的特性。

B 象限是品牌认知度高但美誉度低，属于问题品牌。这类品牌大多属于产品力不够或消费者对产品的实际体验低于品牌承诺。这个象限的品牌需要改善、提升产品的体验感，或通过调整推广策略，使消费者对产品的真正体验与品牌承诺相符。在营销实践中，有不少品牌会陷入这个问题象限里，主要由两个原因导致：一是产品力确实不行；二是过度承诺，包括承诺了或暗示了产品本身所不具备的或并不是产品本身优势的功效或利益，以及对某个特定的功效或利益做出了不恰当的强化，过分地提高了消费者的心理预期。

C 象限是品牌认知度低但美誉度高，这类品牌比较少见，与 B 象限相反，属于产品力很强的品牌。认知度低大多是因为长期没有做推广或处于推广的初期，又或者是推广过程片面追求知名度而忽略认知度的教育而造成的。通过改善推广策略以及持续地坚持投入，必定会不断提升认知度，从而由 C 象限进入到高认知度、高美誉度的 A 象限。

D 象限的品牌是认知度和美誉度都低，大多属于新兴品牌，产品刚上市，还没有做推广或刚开始做推广。处于这个象限的品牌要特别注意消费者对产品的体验感，从而判断产品力与消费者的预期是否吻合。这个时候需要对种子用户做深度调研，排除掉因产品力不足而导致美誉度不高的因素后，方能加大市场推广的力度。

三是营销中的品牌认知度。品牌认知度的概念非常重要，它不仅是品牌战略规划过程中做竞争分析时必须要了解的内容，而且是在做品牌价值体系构建时必须要完成的内容，更是在今后的传播活动中需要达成的目标。所以，有必要对品牌认知度做更多深入的探讨。

在品牌营销过程中，通常有四个度的概念，从下往上依次是知名度、认知度、美誉度和忠诚度（见图 3-12）。

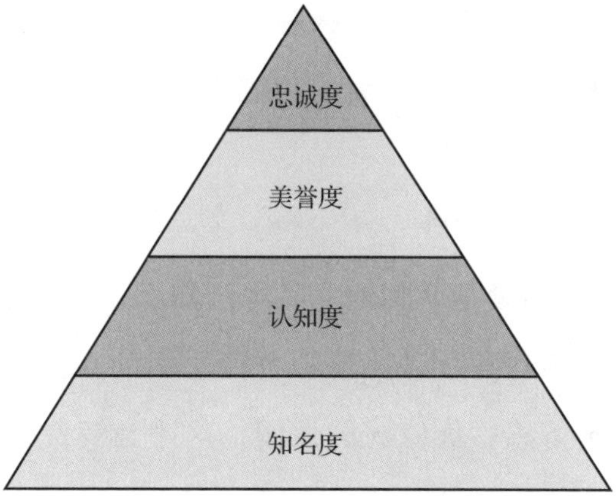

图 3-12　品牌四度模型图

正如前文所言，知名度是让消费者知道你的产品，认知度则是让消费者了解你的产品，美誉度是让消费者对你产品有好感，而忠诚度是让消费者愿意反复购买你的产品。这四个度在品牌发展的不同阶段发挥着不同的作用，发展初期往往是需要与消费者沟通知名度和认知度，而中后期则主要是美誉度和忠诚度的培养。当然，这四个度在品牌营销过程中并不是各自孤立的，也不一定具有明显的先后顺序，因为这四个度的培育都需要一个过程，只不过在不同的阶段会有所侧重而已。

有知名度不一定有认知度，但有认知度一定有知名度。知名度不一定能产生销售，真正能动销的是认知度，这就是认知度教育的重要性。对于某些品类，如药品品类来讲，初、中期传播中，认知度要远远重要于知名度。这也是药品广告不同于快消品广告的一个重要表现。

我们通常说的品牌认知度，大多是功能或物质利益层面的品牌认知度，即品牌能给消费者带来什么利益体验。有人甚至把此理解为品牌认知度的全部，以为认知度就是功能认知，其实这种理解是极其片面的。

我们应该非常清楚地认识到，品牌认知度除了功能、物质利益层面之外，还有情感利益，以及精神价值层面的认知度。从功能、物质利益的认可到情感、价值观的认同，这才是消费者对一个品牌最全面、最深入的认知。只有这样全面、深入的认知，才能牢牢占领消费者的心智。若消费者对品牌的认知只停留在功能、物质利益层面，是不具备长久的差异化特征的，也是不能牢固地占据消费者心智的。

四是药品品牌营销的认知度问题。在多年的实践中，我深刻意识到品牌认知度的重要性，尤其是在服务众多一线品牌的近十年中，更加深刻地体会到品牌认知度对药品营销的重要性。由此得出一个结论：药品品牌营销，认知度重于知名度，真正拉动销售的是认知度。在此重点讲一讲药品品牌营销的认知度问题。

很多药品企业主连续多年坚持广告投放，销量及品牌均取得了良好的发展，也取得了不错的投产比，企业发展也已进入良性循环。也有些企业不敢投，或因为广告开支透支了利润，越投死得越快。广告投放很多企业都会做，但关键是如何投放才能取得理想的ROI，这里面非常关键的一点就是：药品广告，认知度重于知名度。

一般而言，在品牌营销的初、中期，知名度和认知度是需要优先解决的问题。但不同的品类，在知名度和认知度之间又会有所侧重。因为严格来讲知名度和认知度在营销层面上还是有区别的。举例来说，在莎普爱思滴眼液的传播过程中，让消费者知道莎普爱思，知道莎普爱思滴眼液，甚至知道莎普爱思滴眼液是治疗老年性白内障的，这些都是知名度传播。而认知度要解决的是让消费者认识到为什么莎普爱思能治疗白内障，治疗白内障为什么要买莎普爱思而不是别的，甚至是让消费者认识到人到老年容易患白内障，以及针对白内障的症状来进行自我诊断，从而主动购买莎普爱思。

从品牌的品牌屋模型（详述见第八章第二节）看，一个药品品牌至少有五个属性：品类基本属性，包括配方、工艺技术、专利、药材、历史文化等；功能属性，即产品的功效及作用；物质利益属性，即产品功能带给消费者的利益体验；情感利益属性，即消费者使用产品后带来的情感层面的体验；价值属性，即品牌所主张的价值观、生活态度等。

我们通常做的认知度教育，大多是功能或物质利益层面的认知度教育，有人甚至把此理解为药品认知度教育的全部。以为认知度教育必讲功能，不讲功能就不是在做认知度教育，其实这种理解和做法都是极其片面的。

我们应该非常清楚地认识到，药品的认知度教育除了功能、物质利益层面的教育之外，还有情感利益，以及精神价值层面的认知度教育。从功能、物质利益的认可到情感、价值观的认同，这才是消费者对一个药品品牌最全面、最深入的认知。只有这样全面、深入的认知，才能牢牢占领消费者的心智。若消费者对品牌的认知只停留在功能、物质利益层面，是不具备长久的差异化特征的，也是不能牢固地占据消费者心智的。

在品牌发展的不同阶段，认知度教育的侧重点也会有所不同。初期及中期或许会以功能、物质利益的认知度教育为主，中后期则主要以情感或精神价值的认知度教育为主。当然也有些做法是“物质利益+情感利益”或“物质利益+精神价值”贯穿始终。999感冒灵前期的传播主打“中西结合治感冒”这个功能点，后来则传播“暖暖的，很贴心”，就是一种从功能认知度教育转到情感利益认知度教育的成功案例。莎普爱思前期主打“专治中老年人白内障”及“白内障看不清，莎普爱思滴眼睛”，也是典型的功能认知度教育；现在则在功能认知度教育的基础上，上升到“明亮眼睛、幸福晚年”这个价值认知度教育层面上来。玉林正骨水的“我的战场不伤退”则很巧妙地把功能认知与品牌价值主张结合在一起。

药品是特殊商品，药品广告在药品营销中发挥着极其重要的作用，而由于药品的特殊性，认知度教育又是药品广告最重要、最关键的方法。但随着品牌发展的不断深入、品牌价值的不断提升，以及消费者认知模式的改变、媒体传播环境的改变等外部环境的变化，药品广告的认知度教育也呈现多纬度、多层面化的趋势，药品广告认知度传播的内容、方式和渠道也跟随着这个变化呈现出同样的趋势。

（五）品牌管理指数（BMI）

品牌管理指数（BMI）是量化企业“品牌管理能力”的指数，其量化的依据是企业自主完成的品牌管理能力的自我评估问卷，比对整体样本、分行业细分样本产生的相对指数。

品牌价值 = 品牌投入 × 品牌管理能力

品牌管理指数（BMI）= 品牌规划力指数（BPI）+ 品牌执行力指数（BDI）+ 品牌监测力指数（BTI）

整体的品牌管理指数（BMI）由品牌意识指数、品牌战略指数、品牌组织指数、产品力指数、传播力指数、洞察力指数和监测力指数这七个分指数通过加权的方式构成（见图 3-13）。其中，每个指数又进一步由 10 ～ 20 维度的量化指标构成，这些量化指标采用动态的定量问卷的形式获得。

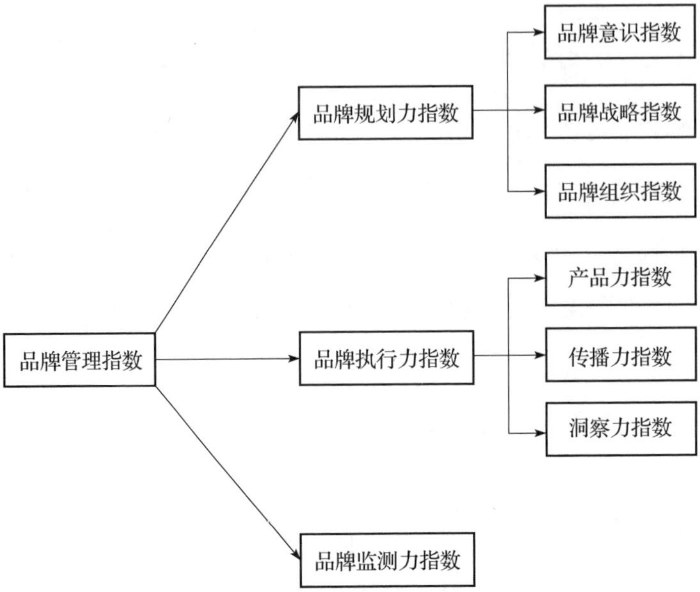

图 3-13　品牌管理指数（BMI）

第四节　对标分析

前文讲到，竞争分析有以下几个步骤：竞争对象选择、竞争格局分析、竞争对象分析。做完竞争对象选择、竞争格局分析及竞争对象分析后，就进入了对标分析阶段。

对标分析是对行业内某个竞争品牌的深度分析，选择针对性的竞争品牌进行全面的生意和策略解析，为制定更有针对性的竞争策略提供依据。对标分析可围绕着产品力、品牌力、渠道力三个维度展开，前面谈到的各个分析因素都可能会用到（见图 3-14）。

对标分析需要在市场走访、资料收集，甚至是专项的市场调研的基础上来开展；但一般不会专门针对对标分析来进行专项的市场调研，而是把对标分析放在某个专项的市场调研项目里来开展。

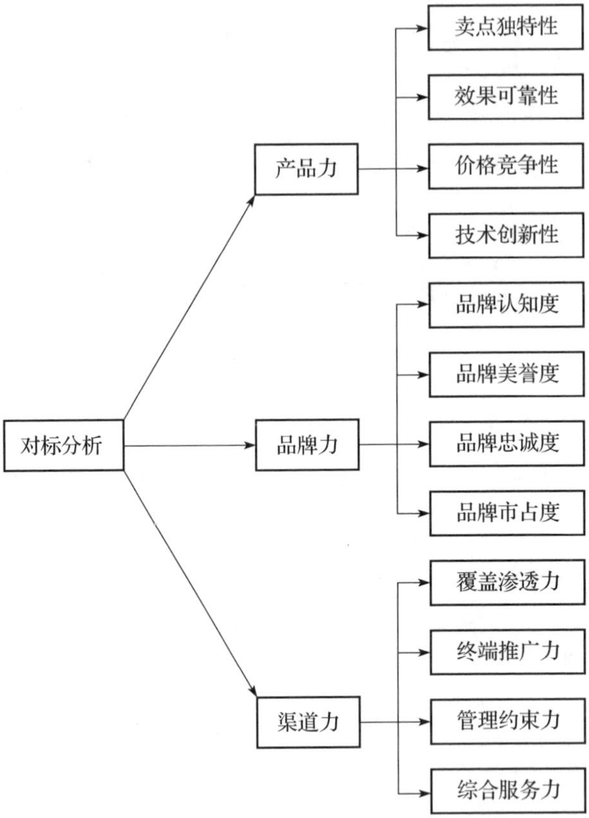

图 3-14 对标分析的三个维度十二个方面

第五节 竞争机会选择

在竞争对象分析的基础上，需要从中挖掘可能存在的竞争机会，可以从以下四个方面着手。

一、从竞争格局中寻找机会

从竞争格局中寻找机会要基于对行业规模、行业发展阶段、行业集中度等的分析来进行，包括市场占位机会和市场扩张机会。市场占位机会指的是是否有成为领导品牌的可能，或者只能充当挑战者、竞争者、跟随者？市场占位机会更多的是强调能成长为第一或第二的机会，不管是整个行业的还是行业里某个细分领域的。例如，在行业规模分析中，对于行业规模小，行业发展处于发展初期或快速成长期的，都存在着成长为第一或第二的机会；对于行业规模大而竞品少的蓝海市场就更有可能存在成长为第一的机会。又如，在行业集中度分析中，对于已有占据优势地位企业的行业，更多的是寻找成长为行业第二的机会；对于行业集中度相对分散的行业，成长为第一或第二的机会都同时存在；而对于双寡头或多寡头的行业，能成长为第一或第二的机会都相对较少。

市场扩张机会指的是站在行业整体发展阶段来看，到底应该快速扩张还是稳扎稳打？需要把行业发展阶段分析与自身分析进行深刻剖析后才能得出结论。一般而言，行业处于成长初期及快速成长期时，更适合采取快速扩张的策略，而行业处于稳定期时更适合采取稳扎稳打的策略，但这些都要结合企业自身的资源优势及发展阶段来进行综合判断，不能一概而论。如果企业资源充足，且存在较大的差异化优势，如技术优势、成本优势、品牌优势等，即使是行业处于稳定期，对具体企业来讲都存在着快速扩张的机会。

二、从竞争趋势中寻找机会

根据竞争趋势的演变，寻找未来可能的占位机会和扩张机会。上面讲的是从现有的竞争格局中发掘企业自身的发展机会，同样地，从未来的竞争格局中也可以用同样的方法来寻找未来的发展机会。洞察未来的竞争格局就要从竞争趋势的分析中进行判断。发掘出未来的竞争机会，不等于现在马上就要采取市场行动，而是要深刻理解抓住未来的竞争机会时所需具备的条件，企业从现在开始就要调配资源来为满足这种条件而做储备。

有一种情况需要强调的是，若从未来的竞争格局判断出企业可能存在占位机会，就必须从现在开始去抢占这个占位，这个时候讲究的不是规模而是要占据先发优势。

三、从品牌能力中寻找机会

通过与领导品牌或领先品牌的对比寻找机会。如从定位图中初步判断可能的定位机会；从品牌发展指数中寻找区域性的发展机会；从品牌影响力中寻找可能的发展机会，如品牌认知度、品牌转化率、品牌美誉度等方面均可能存在突破的机会。关于品牌影响力指标的机会挖掘，在实际操作中，通常会存在两种可能：一是自身品牌的转化率与领先品牌接近，但品牌知名度不够，那么加大传播提升品牌知名度就是一个很好的扩大销量的发展机会；二是知名度可能差不多，或者低些，但转化率明显比领先品牌低，特别是转化率指标的差距比知名度指标的差距要大很多，这个时候简单地加大投入，提升知名度就不是一个好办法，首先考虑的应该是如何提升转化率的问题，因此上面提到的提升认知度就变成一个机会点。

四、从对标分析中寻找机会

根据对标品牌各方面的优劣势情况，在总体竞争上可采取避实就虚、定位区隔、另辟蹊径三种策略。

1. 避实就虚

避实就虚，即集中我方优势重点击破竞争品牌薄弱之处，在总体实力不对称的情况下创造新的局部实力不对称，从而首先赢得局部竞争的胜利。许多弱小企业，还有许多目前的大企业在还弱小的时候所采取的“资源不对称”策略，用不对称思维与众多的跨国公司所进行的“不对称竞争”，其实就是典型的“减法思维”：我没有足够的资源做整合营销，但我可以集中所有资源在某一方面或某个区域取得突破，去取得竞争的胜利。包括在产品定位、分销渠道的建立、产品推广等方面，都可以运用“减法思维”，先取得局部胜利再谋求全局发展。再强的竞争对手也一定会有其软弱的一面，这就是机会。

企业在做品牌定位时，都巴不得把品牌所有的优势都告诉消费者，能沾上点边的都要尽力去说，其实这种做法是错误的。

做营销就是要有效地满足顾客的需求，也就是要向顾客提供有价值的东西，这种价值必须是有差异化的。所以，在构筑品牌价值体系时，不要把我们的品牌说成是“万金油”“具有 8 个功效”“能解决 10 大问题”之类。目前消费者需要的是具有针对性的，甚至是个性化的东西。所以我们要根据自己品牌的特点，把握住其最根本的属性，把最有效的功能，与竞争对手相比最具差异化的东西总结出来，这样才能说得准、说得深，才能集中资源于一点来打动消费者。

2. 定位区隔

定位区隔，即强行人为地为竞争品牌重新定位，将其与我方定位对立或平行开来，也叫“比对策略”。通常有两种做法：一是与领导品牌比对区隔。如百事可乐强行将可口可乐定位为老年品牌形象，把自己定位为年轻人的选择，“年老—年轻”就是很好的比对。又如，立白洗洁精称自己是“不伤手”的洗洁精，无形中就暗喻其他品牌可能是“会伤手”的洗洁精，“伤手—不伤手”也是一个很好的比对。二是与领导品牌比对并行。如青花郎就称自己是“中国两大酱香型白酒”，很明显是在暗喻茅台第一我第二，是在与茅台比对并行；又如张默闻称自己是“中国策划第二人”“南有叶茂中，北有张默闻”，也是采用比对并行的策略。

3. 另辟蹊径

开辟新赛道，或拔高自己，采取降维打击的竞争策略。

汤臣倍健的健力多，主要成分是钙、氨糖，刚开始定位“补钙更补软骨”，是在补钙品类里做竞争，以“更补软骨”作为竞争的差异化卖点。但补钙品类是一个发展了二十多年的成熟品类，竞争品牌多，竞争程度异常激烈，品类发展处于稳定期，所以前期虽投入不少但收效并不明显。后来把定位调整为“补软骨护关节”，实现了从成熟且竞争激烈的补钙品类跳到仍处于发展期且竞争还并不十分激烈的“护关节”品类的飞跃，赛道的不同最终实现了相同的投入而收益倍增的效果。

又如，我们在帮太极集团的藿香正气口服液做定位时，注意到同类产品都是注重功能的宣传，而作为领导品牌的太极也是在“防暑解暑”和“调理肠胃”等功能层面上与其他竞争品牌在竞争，优势不明显，甚至可以说没有任何的差异化。如何破局？领导品牌就是要承担起做大品类的责任，而要做大品类，就要让品类有自己独特的卖点或价值主张。因此，我们提出了“正气”的概念，从过去的功能层面提升到“正气”的高度，“正不正之气”才是这个品类独特的差异化的卖点。通过提出“要正气，选太极”的主张，在定位上做拔高，抢占品类制高点。实践证明，十亿级销量的太极藿香正气口服液在新定位之下，2020 年销售量在过去几年滞涨甚至倒退的情况下实现了 20% ～ 30% 的增长。

关于定位区隔、另辟蹊径的竞争机会选择，我会在后面的品牌定位章节中做更详细的论述和案例分析。

第四章

C H A P T E R 4

内部环境分析

第一节　内部环境分析的要点

3C分析的第二个维度是Corporation，即前面所说的“我情”分析。“我情”分析是针对企业内部情况的分析，如果把“敌情”分析定义为“知彼”的话，“我情”分析就是“知己”的过程。“我情”分析的目的是“基于企业内部信息的分析与挖掘，对企业的生意、战略、品牌等现状进行全面的诊断与评估，明确企业面临的挑战与机会”。

如果说竞争环境分析是通过扫描整体行业环境及主要竞争品牌的状况，从而寻找可能的机会点，那么企业内部环境分析就是通过对企业经营状况做体检的方式来寻找与机会点相匹配的企业资源与能力，从而进一步明确机会方向的过程。“机会”一定要与“能力”相匹配，这样制定出来的策略才能落地。很多企业人员可能会问：企业内部状况我们最清楚，还需要请专业公司来帮我们分析吗？没错，企业内部状况当然是企业内部人员最了解，但仅仅是“了解”并不能满足品牌战略规划过程中对“我情分析”的要求。企业内部状况分析强调全面性、客观性和专业性，必须通过系统的维度、方法、工具的分析，才能对战略制定有所帮助。关于企业内部状况分析，需要注意以下要点。

一、不能只罗列事实而不查找根源

需要在罗列事实的基础上透过现象看本质，追寻表面现象背后的真正原因。如在做生意分析的时候，有些人只会说某品牌销量连续三年下滑，把这个作为一个分析结果，这是远远不够的。对于这个现象，我们需要做的至少有以下三个方面。

第一，进一步细化销量下滑的事实，并数据化。连续三年下滑，那么每年下滑多少，平均下滑还是有所起伏，每个月（或每个季度）的变化趋势是怎么样的？在整体下滑的情况下有没有区域性差别？要把这些区域性差别找出来，尤其是那些在整体下滑的情况下还有增长的区域，以及下滑幅度远大于平均幅度的区域。品牌下的各个品类（或品种）及规格三年来的销量变化情况是怎样的？找出那些在整体下滑的情况下还有增长，以及下滑幅度远大于平均幅度的品类（品种）或规格。还有可能需要分渠道类别来进行细化，是不是线上渠道有增长（或下滑不明显）而传统线下渠道下滑明显？是不是某几个连锁的销量变化有别于其他？看看不同渠道类别之间的变化差异性。

第二，将细化后的“事实”与企业“行动”及外部环境变化相匹配，进行交叉分析，找到各个“事实”背后的直接原因。企业“行动”包括销售政策的变化、产品规格包装卖点等的调整、品牌推广的投入量和投入方式、团队及管理政策的变化等。外部环境变化因素包括政策环境变化、消费需求或消费行为和习惯变化、竞争对手的“动作”、某些突发事件等。通过上面两方面的匹配分析，我们就会非常清晰地看到这些不同现象背后其实都有其原因所在，也就非常清楚这些看似偶然的现象背后的必然性。

第三，总结归纳上述直接原因，进一步挖掘其根源，最后得出结论。如在第二点的分析中，有可能发现在销量整体下滑的情况下，某个区域的销量却上升了，其直接原因是换了带头人。如果只停留在“由于换人导致了销量上升”这个层面，那么对营销的启发还是不够的，还要进一步挖掘为什么换了人销量就上升了，是这个人的策略跟以前不一样还是这个人只是把过去的策略执行得更到位，是这个人进行了渠道的改革还是改变了推广模式等。这些才是导致这个区域销量上升的背后根源。

二、不能只做局部的片面分析而没有系统性的全面体检

需要在抓住关键因素的同时，对各个维度做思考性分析。这里并不是说内部分析的因素越多越好、越细越好，凡是能想到的都摆上来；而是需要掌握企业内部环境分析的维度和角度，按照这个系统性的维度和角度，把需要分析的因素做全面的分析，同时在全面分析的基础上要抓住重点因素。关于企业内部环境分析的维度，我们将在后面详细讨论。

三、不能只凭主观判断下结论，需要站在客观角度看问题

企业内部人员对企业内部状况很了解，也很有感情，由此也容易凭“先入为主”“第一印象”或个人情感来对问题下结论。所谓“旁观者清”，往往事实并不是自己认为的那样。有个老故事很有启发：

在早年间的美国，有一款啤酒叫舒利兹。舒利兹啤酒创始人把啤酒做出来以后卖不动，然后他就到处出差推销。有一天坐火车，他在火车上碰到一个老头叫霍普金斯。霍普金斯是全美国最有名的广告人，他培养出来一个学生叫大卫·奥格威。

霍普金斯说：“我是做广告的。我给你写一则广告，免费的不要钱，你把啤酒的卖点告诉我。”卖啤酒的就说：“我这个啤酒最大的问题就是没有卖点，跟别的啤酒都差不多，都是德国工艺，德国口味，清爽感动世界，这没啥卖点。”然后霍普金斯说：“这不可能，是个产品它就有卖点。”然后他让卖啤酒的从头到尾给他讲一遍生产流程，从这个啤酒怎么弄啤酒花、怎么发酵、怎么酿制、怎么罐装、怎么运输整个讲一遍。

“每一瓶舒利兹啤酒在罐装之前都要经过高温纯氧的吹制，才能保证口感的清冽……”卖啤酒的刚说完这句话，霍普金斯就说：“可以了，找到卖点了：这个啤酒在罐装的时候要用高温纯氧吹那个瓶子，

吹完以后再把啤酒灌装进去，盖上盖，这样的话啤酒就不会变质，而且口感很好。多好的卖点。”他在舒利兹啤酒牌子下边画了一个吹瓶子的图，在上边加一个长标题，写了一句话“每一瓶舒利兹啤酒在罐装之前都要经过高温纯氧的吹制，才能保证口感的清冽”。

写完之后卖啤酒的一看，就说：“你这是外行吧？这没法做，这不是卖点。每个啤酒商家生产的啤酒都有这一道标准工序，这根本不行！所有啤酒都要这样吹一下，它不吹就坏掉了。开什么玩笑！这怎么能拿来做广告呢！”霍普金斯说：“这样，我出钱给你做广告，要挣钱你把钱还我，要没挣这钱算我送的，怎么样？”卖啤酒的一想，这划算，就与霍普金斯签了合同，拿回去就打广告。

后来这则广告一打出去，舒利兹啤酒就销售火爆了。所有人都为了“每一瓶舒利兹啤酒在罐装之前都要经过高温纯氧的吹制，才能保证口感的清冽”这句广告词也尝一尝，因为广告的原因所有人都觉得它口感跟别的啤酒就是不一样。然后慢慢地这个舒利兹啤酒就开始大卖了。

有时候站在当局者的角度认为不可能的东西，换个角度结果很有可能就不一样了。类似的例子还有早年的乐百氏纯净水，其卖点是“每一滴乐百氏纯净水都经过 39 层净化”。其实“39 层净化”是当时纯净水行业的普遍工艺，把它当成产品的卖点来进行推广，跟上面的故事有异曲同工之妙。

第二节　内部环境分析的四个维度

企业内部状况分析可以从生意诊断、品牌诊断、战略诊断、管理诊断四个维度展开，方才具备上一节所说的全面性。

一、生意诊断

生意诊断是对企业过去 3 ～ 5 年的生意状况，基于数据为基础进行的诊断。诊断的项目根据需要可以包括销售额、利润、费用等，但要注意必须是在统一计算口径的基础上进行不同时期、不同地区的数据比较。如销售额，有些企业以开发票数额作为统计口径，有些则是以实际发货为准，还有些是按渠道的实际出货量（或叫纯销）为统计口径。生意诊断一般从产品、区域、渠道、财务、市场五个细分维度去展开。

产品维度指企业的产品品类、系列、规格、包装、价格、技术（配方、工艺、专利等）、功能（功效、口感等）等，是直接体现在产品上的基本属性。如蓝月亮品牌下面就有衣物清洁品类、家居清洁品类、个人清洁品类等。衣物清洁品类还可分机洗系列和手洗系列，或分为超浓缩系列和浓缩系列，每个系列又有多个规格、包装形象、价格区间等。若从功能维度来细分，还可分为抑菌、深层洁净、亮白增艳、去渍、柔顺等。有些品类的品牌可能没有分这么细，根据实际情况对细分维度进行取舍即可。按品类按品规的细分维度是从产品维度进行生意诊断的常用方法。

区域维度是指当市场发展存在不平衡情况时，需要按区域来分析各品牌、各产品、各规格的发展状况。区域可以按大区、省来划分，有时还需要具体到城市，特别是对于产品主要在城市销售的企业。按区域维度进行分析时，除分析目标区域自身的纵向变化趋势外，还需要把目标区域的数据跟整体数据以及其他相关区域的数据进行横向比较，从而判断目标区域的表现。

渠道维度是按产品的销售渠道类型分别进行的分析，包括渠道结构、渠道份额、渠道趋势等。如某医药企业的产品渠道就包括了线下渠道和线上渠道：线下渠道包括医院渠道（第一终端）、零售药店渠道（第二终端）、医疗诊所渠道（第三终端）、团购渠道（针对企业、公司及其他团体的专销渠道）；线上渠道包括各种医药电商平台（健客、七乐康等）、网上医药专卖店（天猫、京东等）、企业自营旗舰店等。

财务维度是分析产品的营收、费用、利润等财务数据，可细化到品牌、产品、规格、区域、季节、渠道等细分维度，细分的维度越多越容易发现问题。

市场维度是指品牌或产品的市场份额及其变化趋势。市场份额是比单纯的销量更重要的生意指标，因为营销的目的首先是要抢占尽可能多的市场份额，其次才是自身销量的提升，尤其是品类处于稳定发展期的阶段。关于销量与市场份额之间的关系可用图 4-1 分析。

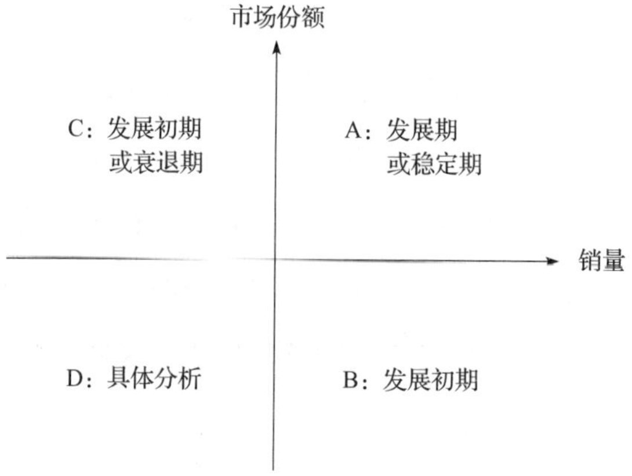

图 4-1　市场维度象限图

A 区属于高销量、高市场份额，这是最理想的状况。说明品牌在行业中处于领导或领先地位，往往在行业的发展期或稳定期会出现这种情况，尤其是在稳定期。

B 区属于高销量、低市场份额，一般是两种情况：一是整体行业仍处于发展初期，企业的发展速度明显高于行业的整体发展速度；二是企业在行业中仍处于发展初期，但行业已处于快速发展期或稳定期，整体行业规模够大，企业仍有较大的提升空间。

C 区属于低销量、高市场份额，一般是行业处于发展初期且发展速度较慢，企业的发展略好于整体行业；或整体行业已处于明显的衰退期，且整体行业的衰退速度大于企业的销量下滑速度。

D 区属于低销量、低市场份额，这种情况较复杂，需结合行业发展阶段和企业品牌本身的发展阶段这两方面的具体情况来具体分析。

二、品牌诊断

品牌诊断是对企业的品牌活动和品牌表现进行分析和判断的过程。可从品牌实践评估、品牌资产监测、品牌能力诊断三个维度进行。

1. 品牌实践评估

品牌实践评估是对过去 3 ～ 5 年来，企业在品牌建设方面所做的回顾与评估，包括品牌架构设置、品牌定位、品牌传播活动、品牌管理工作（是否有定期的品牌调研与优化等工作）等方面。品牌驱动型的企业会十分重视品牌实践，每年都会对品牌实践活动做总结和评估，如品牌的跟踪调研工作是每年的必做功课，长年累月下来，企业对自己品牌的发展轨迹非常清晰。常见的跟踪调研是品牌使用和态度研究，或在此基础上做扩展研究。消费者使用习惯和态度研究简称 U&A 研究，包括品牌的认知、产品使用与态度、产品购买与态度、品牌态度、生活形态、媒体接触习惯等内容，具体延展有：

（1）产品使用者和购买者的人口统计特征，包括全部使用者和购买者的人口统计特征、重度使用者的人口统计特征、目标市场的人口统计特征、不同品牌最常使用者的人口统计特征等。

（2）使用习惯和购买习惯，包括使用和购买的产品类型、包装规格、频率、时间、地点、场合、数量，购买金额，使用方法等。

（3）主要品牌的市场表现，包括品牌认知、广告认知、品牌渗透率、品牌最常使用率、品牌忠诚度、品牌吸引力和产品吸引力、品牌形象、品牌的优势和弱点、品牌物有所值评价等。

（4）生活形态和媒体接触，包括社会价值观，对生活的态度，对家庭、事业的态度，对购物的态度，接触电视 / 报纸 / 广播 / 网络 / 户外的情况等。

2. 品牌资产监测

品牌资产监测是用调研的方式对各品牌的品牌强度进行分析和评估。调研的方式有很多种，常见的有消费者定量、定性研究，包括传统的线下抽样调研方式和线上大样本调研方式。此外还有网络数据研究（如百度指数、百度图谱、阿里生意参谋数据研究）方式等。监测的品牌资产通常有品牌指数（知名度、美誉度、忠诚度等）和品牌联想（如品类联想、功能联想、形象联想、价值联想等）。

3. 品牌能力诊断

品牌能力诊断是从组织、战略等方面对企业内部的品牌管理能力进行分析与判断的过程。在第十章第二节“品牌管理规划”中将做详细论述。

三、战略诊断

战略包括企业层战略、业务层战略、职能层战略三个部分，在做“我情分析”的时候，一般只会从职能层战略（营销职能战略）进行分析。首先分析战略目标，其次分析战略路径，最后分析战略实施。

1. 分析战略目标

（1）分析是否有清晰的短、中、长期战略目标。短期一般指 1 ～ 3 年，中期指 3 ～ 5 年，长期指 5 ～ 10 年或更长。

（2）分析战略目标是否落实于书面并有分解。要求把短、中、长期的战略目标分解到每年的企业规划及部门规划中，形成书面文件，如年度战略规划 OGSM。战略目标必须要让所有人员都准确、完整地理解，而不是只存在于企业领导人的大脑中。

OGSM 是一种制定策略的强大工具，通常用于制定公司及部门未来 5 ～ 10 年或每一财务年度的经营策略计划，并使其聚焦在几个大的目的与目标以及关键策略上面。OGSM 同时也是一个通过设定可量化目标并持续跟踪，从而令措施行动能达成预定目的及目标的实践策略的手段。O 即 Objectives，指通过经营想达成的目的，是使命或经营的方向；G 即 Goals，指可实现的与目的一致的量化指标；S 即

Strategies，指能达成目的和目标的关键策略，通常包括业务策略和组织策略；M 即 Measurements，指怎么衡量策略是否成功，通常也是量化的，可实现的，并与目的一致的。通常还会在 M 后面加个 T，即 Tactics，指对应于每个策略之下的具体措施，用文字和数字描述。整个 OGSM 可简单用一张图表来完成（见表 4-1）。

表 4-1　OGSM 模型

<table>
<tr><th>目的
Objectives</th><th>目标
Goals</th><th>策略
Strategies</th><th>衡量
Measurements</th><th>行动方案
Tactics</th></tr>
<tr><td rowspan="4">文字</td><td rowspan="4">数据</td><td></td><td></td><td></td></tr>
<tr><td rowspan="2">文字</td><td rowspan="2">数据</td><td rowspan="2">文字 + 数据</td></tr>
<tr></tr>
<tr><td></td><td></td><td></td></tr>
</table>

上表中 OGSM 各因素之间的逻辑关系如图 4-2 所示。

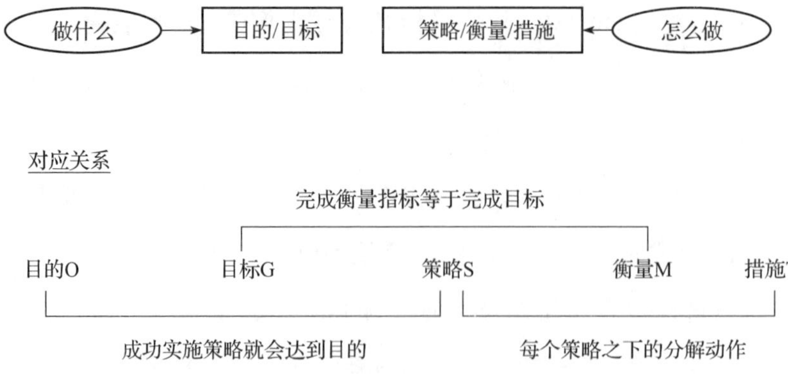

图 4-2　OGSM 各因素之间的关系

2. 分析战略路径（或叫战略配称）

是否有可落地执行的战略措施，这些措施是否完整，是否与战略目标相吻合（即执行了这些措施后是否能达成所设定的战略目标），是否有阶段性的衡量标准。如图 4-2 中战略工具 OGSM 所示，确定了目的、目标后，必须制定与之相匹配的策略与措施以及阶段性的衡量标准。策略应聚焦于 3 ～ 5 个关键的大的事项上，而具体措施则可以围绕策略做细化分解。

3. 分析战略实施

战略措施的落地执行情况，是否严格按照既定的战略措施执行，是否有定期回顾和纠偏机制，这是判断企业执行力的重要步骤。

四、管理诊断

管理诊断需要从营销管理和其他职能管理两个层面考量。营销管理主要有组织、制度、人事三个方面：营销架构是否能支持营销目标的实现，营销人员配置（数量、结构、质量）是否符合现阶段企业营销的需求，是否有明确的、可执行的营销管理制度和流程。其他职能管理指与营销职能相关联的企业其他部门的管理水平及与营销部门的配合、支持度。其实，营销工作是企业的核心工作，不仅仅是营销部门的事情，更是整个企业的事情，因此要做好营销，除了营销部门外，其他相关部门的工作也同样重要。在管理诊断时，不仅要分析营销部门的管理程度，也要分析其他相关职能部门的管理程度与配合度。这些相关职能部门可能有研发职能、财务职能、人事行政职能、生产职能、物流职能等。

综上所述，我情分析的各维度可以用如图 4-3 所示的分解图概括。

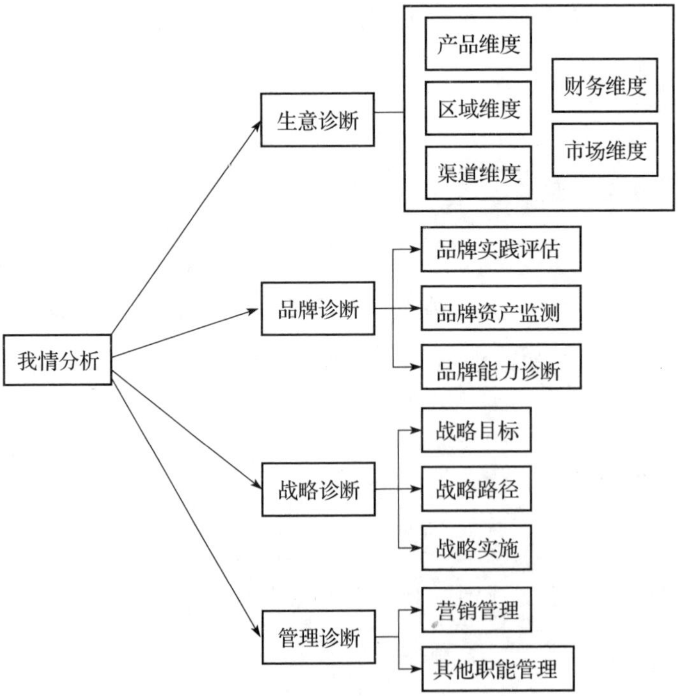

图 4-3　我情分析分解图

第三节 内部环境分析的常用工具

我情分析的内容主要从本章第二节所述的生意诊断、品牌诊断、战略诊断、管理诊断四个维度来进行，这四个维度是思考问题的角度，基于这些维度可全面分析企业的内部状况。在实际操作的时候，不一定所有内容都要涉及、面面俱到，须结合当时的市场状况、企业的发展阶段及分析目的进行取舍或有所侧重。另外，在进行这四个维度的分析时，也不是孤立地就企业本身来分析，往往会把企业放在市场环境中进行对比分析，以判断到底是优势还是劣势，到底程度有多强或多弱。所以，营销中也常用两个工具来进行我情分析，这两个工具虽然分析角度不一样，但都是对上述四个维度的取舍、归类和判断。这两个工具是 SWOT 分析法和 ADP 模型。

一、SWOT 分析法

SWOT 分析法，是个非常好的企业内部环境分析的工具。第二章第二节已对 SWOT 模型的定义和特点做了解释，这里我们重点讲讲如何运用此模型做企业内部环境分析。

1. 企业的内部优劣势分析

逐一列举以上企业内部环境分析四个维度的内容，并把企业放在整个市场环境中，与主要竞争对手进行逐个维度的对比并做判断，分别列出优劣势。一般在对比的过程中每个维度都可以划分为很强、较强、中等、较弱、很弱五个等级，很强和很弱的方面当然就分别列入优势和劣势类目，较强和较弱则视情况而言。

2. 外部环境的机会与威胁分析

利用 PEST 模型或波特五力模型对外部环境做分析，并结合企业内部优劣势情况，分析哪些因素能使企业优势得到更好的发挥，能促进企业的发展；而哪些因素会对公司的发展形成挑战。这些就分别列为机会或威胁。

3. SWOT 机会选择

利用矩阵图形式分别列出优劣势和机会、威胁，进行交叉分析，分别探寻可能的 SO、WO、ST、WT 机会。SWOT 模型矩阵图如图 4-4 所示。

4. 聚焦可行性战略

结合消费者分析和竞争分析情况，从可能的发展机会中进行聚焦，通常 SO 战略机会是优选，其次是 WO 战略机会。

内部分析 / 外部分析	S（优势） 1. 2. 列出优势 3.	W（劣势） 1. 2. 列出劣势 3.
O（机会） 1. 2. 列出机会 3.	SO战略 1. 2. 发出优势 利用机会 3.	WO战略 1. 2. 克服劣势 利用机会 3.
T（威胁） 1. 2. 列出威胁 3.	ST战略 1. 2. 利用优势 回避威胁 3.	WT战略 1. 2. 减少劣势 回避威胁 3.

图 4-4　SWOT 模型矩阵图（示意图）

凤翔传说是专业的整合营销服务品牌，在大健康及快消行业均具有较高的知名度和影响力。在某一年我们在为自己品牌做诊断及发展机会选择的时候，就用到了 SWOT 模型，在充分分析自身优劣势及面临的机会与威胁后，归纳出了可能的 SO、WO、ST、WT 机会，如图 4-5 所示。

	O（机会）	**T（威胁）**
S（优势）	SO 策略：利用优势，抓住机会，进一步做强做大。利用聚焦健康行业的影响力和经验优势，通过强化策略核心竞争力，把公司打造成以前端策略为主导、整合营销全链条的专业化服务机构。	ST 策略：利用优势，提升并聚焦某个核心点，构筑竞争门槛。聚焦健康行业，聚焦前端策略，从而提升竞争门槛，提升自主变现能力。
W（劣势）	WO 策略：抓住机会，规避劣势。聚焦健康行业，紧紧围绕客户需求配置合适资源，提供保姆式服务。	WT 策略：规避劣势，在经营发展过程中构筑独特竞争优势，并逐步提升竞争门槛。聚焦健康行业，在现有流量业务的基础上发展新的流量业务，发现并巩固新优势。

图 4-5　凤翔传说 SWOT 矩阵图

二、ADP模型

SWOT模型是针对企业资源状况的综合性分析，而ADP模型则是基于企业营销要素的分析，可以说是局部性质的“我情分析”。ADP模型从品牌认知指数、渠道指数、价格指数等三个关键维度对品牌或产品进行分析，是对以上四个维度的聚焦取舍。ADP模型是在4P理论基础上所做的分析，是从消费者的视角分析企业现阶段的品牌、渠道、产品性价比这三方面对消费者的影响程度，如图4-6所示。

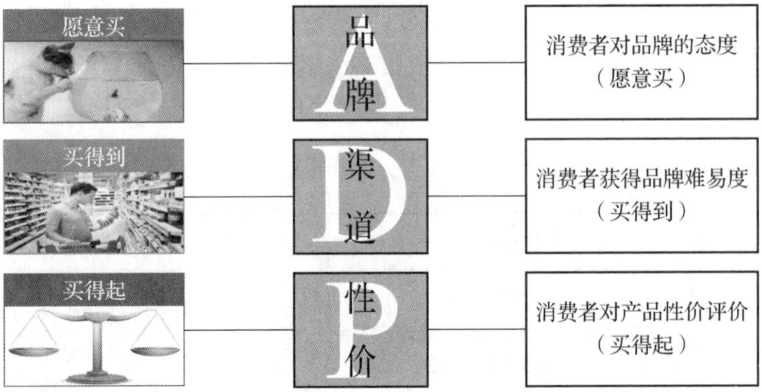

图4-6　ADP模型

A值是将消费者对品牌的态度分为七组，根据每组的比例结构采取相应的策略（见表4-2）。

表 4-2　消费者对品牌的态度分析应对策略一览

组别	消费者分组	主要存在的问题	相应的市场策略
G1 组	不知道品牌	推广计划	增加或修改推广计划
G2 组	知道品牌，但不在品牌选择集合内，而且没有计划体验产品	概念的独特性或品牌形象不够	修改广告概念或加强认知教育
G3 组	知道品牌和功能，在品牌选择集合内，但不是第一选择品牌，且没有计划体验产品	与竞争对手的差别不够或购买理由不够	有针对性地修改广告或促销
G4 组	知道品牌，在品牌选择集合内是第一选择品牌，但没有体验过产品	终端拦截，竞争环境，或产品价格	加强促销、铺货、现场环境陈设和销售人员培训
G5 组	体验过产品，但不再选择品牌	产品各方面因素，如质量、设计等	改进产品、打击假货
G6 组	体验过产品，在选择品牌集合，但非首选	与竞争对手的产品价值对比	增加产品价值、加强品牌形象
G7 组	体验过产品，在选择品牌集合，而且是首选	如何加强品牌的忠诚度	维持并加深消费者忠诚原因

D 值也细分为三个维度八个角度，如图 4-7 所示。

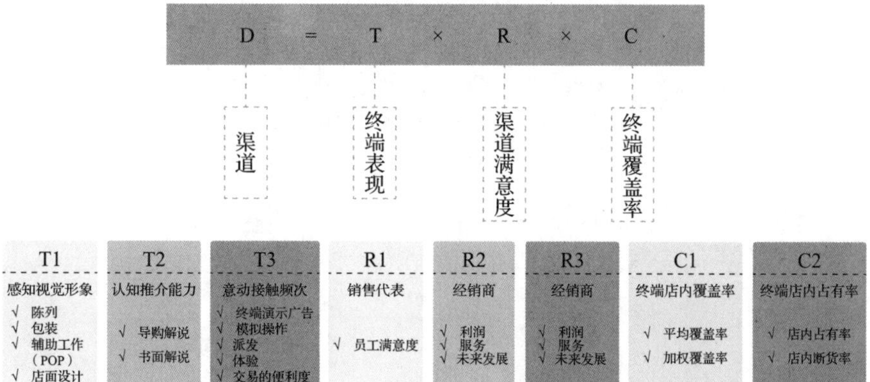

图 4-7　渠道环境分析图

P 即性价比指数，是产品性能与产品价格之比值在消费者心目中的印象。

当然，ADP 模型除了可以作为针对性的“我情分析”的工具之外，在营销上还有很多其他用途，如企业销售规模的预测，指导品牌推广策略、渠道策略及价格策略的制定等，书中对此有专门的论述，在此不作赘述。

我情分析的方法一般有企业内部访谈、外部专家访谈、市场调研、数据收集及分析四个方法。企业内部访谈是针对企业高层、营销及技术关键人员所进行的一对一访谈，涉及企业战略层面及营销策略层面的内容；外部专家访谈是针对行业专家或细分品类专家所进行的一对一访谈；市场调研一般有定量调研、定性调研、市场走访等形式，根据需要开展；数据收集及分析包括企业内部数据及外部数据的收集及分析，越具体越好，越有针对性越好。

第五章

C H A P T E R 5

消费者分析

第一节　消费者分析的几个维度

消费者分析在3C分析中叫客情分析。客情分析就是针对客户的分析，对于B2C企业而言就是针对消费者的分析。消费者分析的目的是“全面了解消费者的特征、需求、习惯与态度，为品牌定位与品牌推广提供直接的指导与支持”。从品牌的本质来看，消费者分析毫无疑问是品牌分析的重心，也是品牌战略规划中3C分析的最重要的一个部分，它将直接决定企业品牌战略的质量和产出价值。

消费者分析的重要性是被广泛认同的，也在大多数企业得到了一定的实践。但从操作质量上来看，消费者分析是目前企业内营销分析中提升空间最大的一个环节。很多企业在消费者分析这个环节中存在的主要问题如下。

（1）重视程度不够。很多时候，消费者分析变成了只是市场部要做的事，而不是老板要做的事，即还没有从战略高度上重视消费者分析工作。甚至还有些企业以时间紧迫为理由而忽略掉消费者分析的环节。不分析研究你的消费者，品牌离消费者的距离就会越来越远，久而久之就变成你在做的和消费者想要的完全不是一回事，甚至双方完全不在一个频道上共鸣，消费者就会离你而去。

（2）只是把消费者分析看成技术性工作或形式上的工作，没有掌握科学的分析方法，导致分析工作不系统、不科学，严重的还会被这种不科学的分析所误导。

（3）消费者分析工作不客观。当分析结果与固有认知存在较大差异或结论相反时，往往会怀疑分析结果，导致分析结果迁就于固有认知。倘若如此，再系统再科学的消费者分析都等于零。

（4）过度依赖市场研究公司，过度迷信数据，纸上谈兵。出现懂生意的不懂研究、懂研究的不懂生意的现象。聘请专业的市场研究公司来做消费者分析工作，对分析的科学性和系统性会很有帮助，但企业不能当甩手掌柜，一定要深度参与进来；特别是对数据的解读一定要从企业自身的实际出发，站在生意的角度来解读，而不仅仅是站在统计学的角度。

（5）静止状态研究数据或不会交叉研究，出现对某一次研究过度依赖的情况。我们通常采用以消费者研究为主的形式来进行消费者分析，但这并不意味着通过一个研究就能达成所有的分析目的。好的消费者分析应该是基于日常工作中消费者研究的不断积累而形成的知识，而任何一次单一的消费者研究都不应该追求过多的研究目的。

基于全面了解消费者的目的，消费者分析可以重点从五个环节着手，即消费者特征研究、消费者认知研究、消费者需求研究、消费者行为研究、消费者洞察研究。

一、消费者特征研究

消费者特征研究，或叫消费者基本属性的研究，包括自然属性、社会属性和价值属性。自然属性指消费者的人口特征，如性别、年龄、职业、地域、生活状态（如已婚未婚、已育未育、职业族与退休族等）；社会属性指消费者的社会角色，主要指职业，如职场白领、管理精英、私营企业主、政府机构人员等；价值属性指消费者的生活态度、行为习惯、心理特征、价值主张等。对消费者特征的研究应该是立体化、多维度的描述，而不仅仅是单一维度的描述。这些细化的描述不仅在进行消费者细分及核心人群聚焦时发挥重要作用，而且会使消费者画像清晰化，对品牌定位及推广策略的精准制定都将发挥重要作用。在特征研究部分，价值属性可不做深度挖掘，这些将在洞察研究部分来展开，此处只做标签式的划分，用于区分人群特征。

基于当前的社会环境、市场现状而言，一个品牌几乎无法做到面面俱到，也无法满足所有人群的需求或特定人群的所有需求，因此，细分化、聚焦化是市场营销的趋势。品牌必须清晰界定自己的目标消费群（Target Audience，简称 TA），目标消费群里可能又必须细分为若干个小类别，由此抓住自己的目标人群，逐步打透，这已经成为细分化时代里资源有限的众多企业的必经之路。

消费者特征的研究一般会将自然属性和社会属性进行交叉研究，

从而能准确地将目标人群细分为特征明显的若干类别，图 5-1 是简单的几个示例。

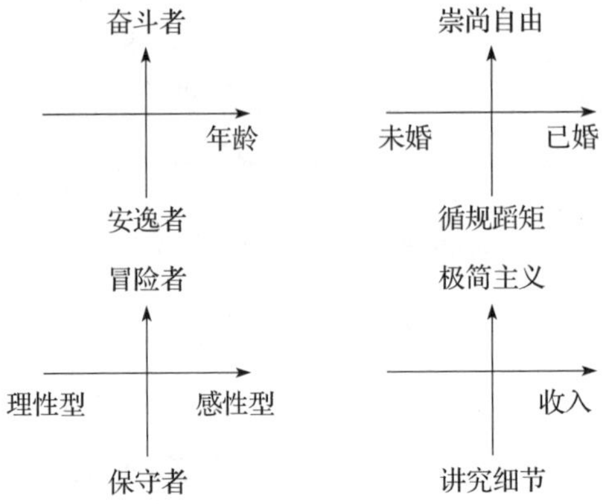

图 5-1 消费者特征例图

有些营销人员在做消费者特征研究时，往往比较偏向于对消费者的自然属性和社会属性进行研究，而不重视或忽略对消费者价值属性的研究。尤其是媒介策略转岗到品牌经理或产品经理时，出于过去的习惯，会更偏向于对自然属性的研究，甚至认为自然属性的研究就是消费者特征研究的全部。但在品牌规划系统里，消费者特征研究中的核心就是消费者价值属性的研究，把价值属性的研究和自然属性的研究加在一起才能清晰地勾勒出一个鲜活的目标消费群来。

二、消费者认知研究

消费者认知研究是研究消费者的固有心智中对某个行业、品类、品牌的认知印象及其程度。如：说起麦当劳，消费者会联想到什么？

汉堡包、炸薯条、美食快餐、儿童派对、欢乐生活、油腻等，这些都是消费者对“麦当劳”这个品牌的认知印象；而每个认知印象里的人群占比则是认知程度。我们需要从这些研究里面来判断过往的品牌建设活动是否成功地将品牌资产准确植入消费者心智中。消费者认知研究主要是对品牌影响力关键指标的研究，包括知名度、渗透率、忠诚度等及其相关延伸指标，这些指标是最常用来评价品牌在消费者市场上的表现的，一个消费者导向的企业需要定期对这些指标的变化进行监测（至少每年进行一次，如 U&A 研究）。其中每项指标又可以有更多的细化或延伸指标，如知名度包括无提示第一提及、无提示总提及、提示后总提及等，在此不一一赘述。

三、消费者需求研究

消费者需求研究与其他四个消费者研究维度相比，内容涉及更多，我们将于本章第二节着重阐述。

四、消费者行为研究

消费者行为学是一门专业学科，研究涵盖的范围很广；我们这里所说的消费者行为研究是站在定位和传播的角度所进行的消费者购买行为、触媒习惯、日常生活轨迹的研究，不涉及其他方面的行为以及这些行为的决策过程的研究。研究消费者购买行为主要是了解消费者购买此类产品的时机、渠道、价格接受度、单次购买数量、重复购买量、购买动机影响因素等；研究触媒习惯主要是了解消费者获取信息的习惯，包括媒介偏好度、媒介倾向性、媒介粘性，收看（听）时机、时长，媒介影响度等；研究日常生活轨迹主要是了解出行习惯、地点及生活方式等。

五、消费者洞察研究

广义上的消费者洞察指的是对消费者的综合理解，而严格意义上的消费者洞察是指“对消费者隐含的态度与行为的挖掘与深度理解，从而用于激发消费者的意愿和动机”。消费者洞察是消费者研究的一部分。消费者洞察的挖掘是在消费者研究基础上，综合运用行情、敌情、我情的知识产生的深度的对消费者的理解，是从“了解消费者”到“读懂消费者”的飞跃。而一旦找到了这样的消费者洞察，企业就掌握了一把打开消费者大脑的钥匙。

消费者洞察是在客观研究基础上的主观判断，真正指导定位和传播的是消费者洞察。客观研究越详细越准确，主观判断就会越深刻越精准。在实践中，做消费者研究不难，关键是要掌握方法和工具；而做消费者洞察则完全不一样，因为是主观判断，所以个人对营销的理解、对人性的把握显得尤其重要。就像炒一盘菜，消费者研究是素材，但同样的素材在不同的厨师手里就会变成不一样的菜品，调味、火候、时间等的运用就如同对营销和对人性的理解一样。

我们在做品牌定位以及在做创意策略的时候，必须要做消费者洞察，所有的品牌策略和创意策略都必须是建立在深刻的消费者洞察的基础上的，消费者洞察的准确程度、深刻程度将直接决定策略的质量，尤其是能洞察消费者隐藏在内心深处的、最容易触动的那根神经时，策略就成功了一大半了。我们常说，做出来的东西首先要能打动自己，如果连自己都打动不了，是不可能去打动消费者的。有时候我们的创意人员在讨论创意点的时候，不知不觉中自己就被感动到了，有好几次触动到深处时，创意人员还真的眼含热泪，这背后都是基于深刻的消费者洞察做基础。消费者洞察能力的差异是卓越营销人与一般营销人之间能力差异的标志之一。

第二节　消费者需求研究

从本质上来讲，营销就是为品牌和用户之间打通一个关联，即品牌在消费者的认知中对品类、功能、情感、形象、价值等方面的关联，从而把消费者从“陌生人”变成“自己人”的过程，如图 5-2 所示。

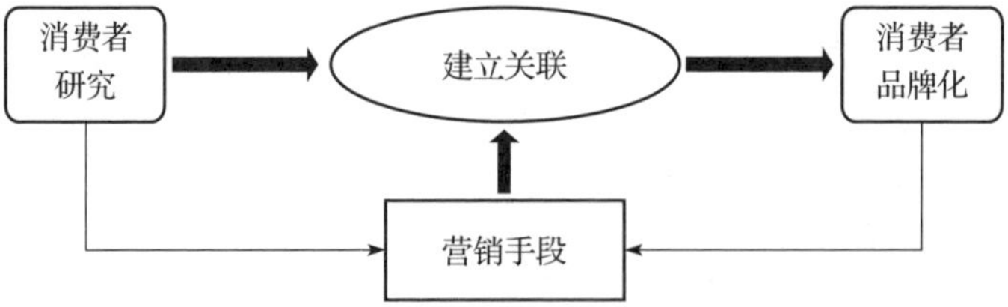

图 5-2　营销的本质示意图

营销的起点源于对消费者的研究，通过营销的手段在消费者和品牌之间建立一种关联，最终达成营销的目的：消费者品牌化。简单来说，营销就是发现需求、激发意愿、塑造动机、促成购买的过程。营销的起点源于对消费者需求的挖掘，但仅有需求不一定会产生购买行为，在需求和购买之间还有意愿和动机。人在产生需求后，当理想与现实有差距的情况下就会产生缩短差距的意愿，差距越大、印象越深刻，消费意愿就越强烈。但单纯的消费意愿并不能构成消费动机。激发了消费者的意愿，为了达成意愿需要提供商品，也就是目标物，即为消费者提供达成意愿的解决方案。消费意愿加上明确的目标物才构成了消费动机。在完成动机塑造后，要做的是给消费者赋能，让消费者最终形成购买。消费者产生消费意愿并将目标物与之产生关联，而且能够付得起成本，才形成真正的购买需求。整个链条的逻辑关系如图 5-3 所示。

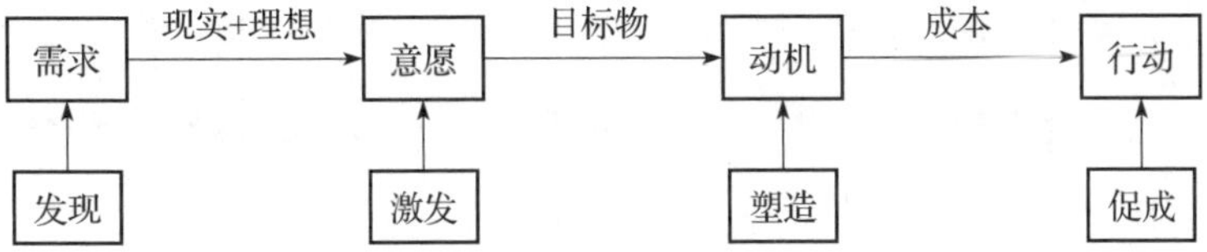

图 5-3 营销的本质

什么才是我们需要研究的消费者需求？从营销的本质来看，研究消费者需求就是要研究消费者具有货币支付能力的实际需要，具体包括两个方面的内容：一是消费者的实际需要，二是消费者愿意支付并有能力支付的货币数量。简单而言就是能成为购买行动的需求。所以，我们在做消费者需求研究时，不能只是发现需求，还要挖掘现实需求与理想需求之间的差异，以及目标物如何才能缩短这种差距，还有就是研究支付需求。消费者需求的研究能力差异也是卓越营销人与一般营销人之间能力差异的明显标志。

消费者需求的类别有哪些？简单来说，从不同的维度来区分，可分为生理性需求与精神性需求；显性需求与隐形需求；已满足的需求与未被满足的需求等。若从这些维度来分析，应把研究的重点放在精神性需求、隐形需求、未被满足的需求的研究上，这些才是最能够激发意愿、产生动机的点。但从专业角度来讲，对需求的划分有两个常用的模型：马斯洛层次需求理论、KANO 需求分类排序模型。

我们较熟悉的是马斯洛的五层次需求说，即人类的需求像阶梯一样从低到高按层次分为五种，分别如下所示。

（1）生理需求（对食物、水、空气和住房等的需求）；

（2）安全需求（对人身安全、生活稳定以及免遭痛苦、威胁或疾病等的需求）；

（3）社交需求（对友谊、爱情以及隶属关系的需求）；

（4）尊重需求（对成就或自我价值的个人感觉，也包括他人对自己的认可与尊重）；

（5）自我实现需求（发挥自身潜能，实现一定的目标）。

马斯洛在晚年还提出过一个七层次需求理论，见图 5-4。相对五层次需求理论，马斯洛在尊重需求和自我实现需求之间增加了认知和审美两个需求。

消费者的需求是多方面的、多层次的，但资源和条件的限制决定了单个产品不可能满足消费者的所有需求，为此，我们需要对消费者的需求进行排序，集中资源解决消费者最急需满足的需求。那么，怎样才能更恰当地对消费者的需求进行排序呢？ Kano 模型能够帮我们很好地解决这一问题。

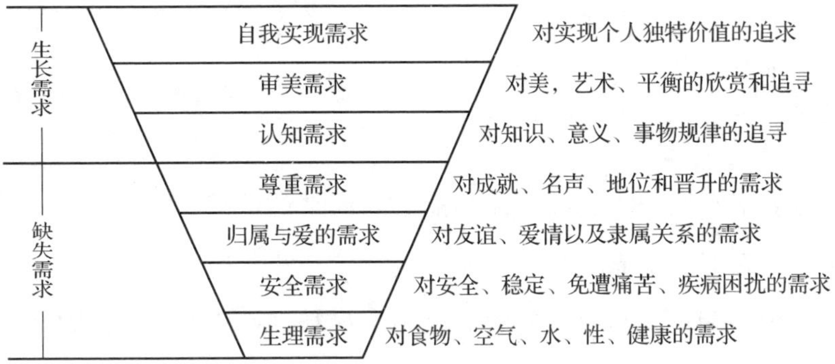

图 5-4　马斯洛七层次需求理论示意图

Kano 模型是对消费者需求分类和优先排序的有用工具，以分析消费者需求对消费者满意的影响为基础，体现了消费者需求满足程度和消费者满意之间的非线性关系。Kano 模型见图 5-5，纵坐标表示消费者的满意度，越向上越满意，越向下越不满意；横坐标表示某需求的存在程度，越向右边表示存在程度越高，越向左边表示存在程度越低。

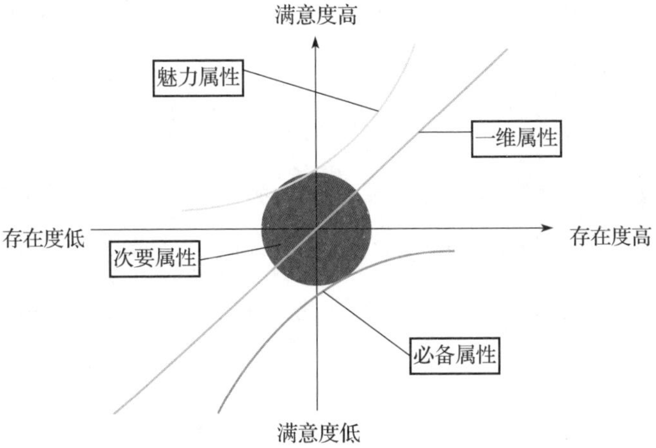

图 5-5　Kano 模型示意图

根据不同需求与消费者满意度之间的关系，可以将消费者的需求分为五类。

（1）基本型需求，即产品功能必须满足的消费者需求。当该需求满足不充足时，消费者很不满意；当该需求充足时，对消费者满意度没有多少影响，消费者充其量是满意。例如社交产品的加友功能，音乐产品的听歌功能，食品的安全功能等。不同品类的基本型需求是不一样的，任何品牌都必须要满足基于品类属性的基本型需求。

（2）期望型需求。消费者满意度随着此类需求的满足程度而线性提升或下降。当此类型需求越得到满足则消费者满意度越高，反之则消费者满意度越低。例如，音乐类产品能储存或能播放的歌曲越多越好，电视机的清晰度越高越好等。

（3）兴奋型需求，是一种完全出乎消费者意料的属性或功能。如果提供此因素，消费者会感觉惊喜，满意度大幅提升，但如果不提供此需求，消费者满意度也不会随之降低。例如微信的摇一摇功能。消费者的兴奋型需求往往是品牌的一个很好的卖点，甚至还可以作为品牌的定位点。

（4）无差异型需求。这类需求无论满足与否，消费者满意度都不会受其影响，消费者对此因素并不在意。例如产品的简介。

（5）反向型需求。消费者没有此需求，提供后满意度适得其反。例如产品付费功能。

Kano 模型并非直接测量消费者满意度的定量工具，而是对消费者的不同需求进行区分处理。根据 Kano 模型的原理可以最大限度帮助我们了解消费者不同层次的需求，是识别消费者需求、设计产品功能乃至产品卖点提炼的至关重要的切入点，通过对消费者的深度了解和对产品的主动把控进而全面激发意愿和塑造动机。

消费者的需求是客观存在的，根据马斯洛的层次需求理论，我们也能够了解到消费者可能存在的需求类型，但是决定产品能否实现价值的关键是产品能否诱发消费者满足需求的动机。需求是动机的根源，动机是造成行为的原因，至于如何基于需求来塑造动机，专业上也有专门的模型进行研究，如Censydiam用户动机分析模型，在此不做叙述。

对消费者需求类别的划分有很多种方法，上面两种是最常见的，也是被广泛认可的方法，这两种方法都是基于消费者本身，从人性角度进行划分的。还有另外一种划分方法，是基于物性角度，即商品能带给消费者的利益体验角度进行分类的，如翔蓝针对大健康行业所做的需求划分法（见图 5-6）。

把消费者需求分为经济性需求、品质性需求、便利性需求、情绪性需求四大类，均是从商品带给消费者的体验角度来划分的。

做消费者研究的方法很多，简单来说有定性分析和定量分析、样本分析和大数据分析、线下研究与线上研究、泛谈和深访等，可根据不同的需要采用一种或多种方法。

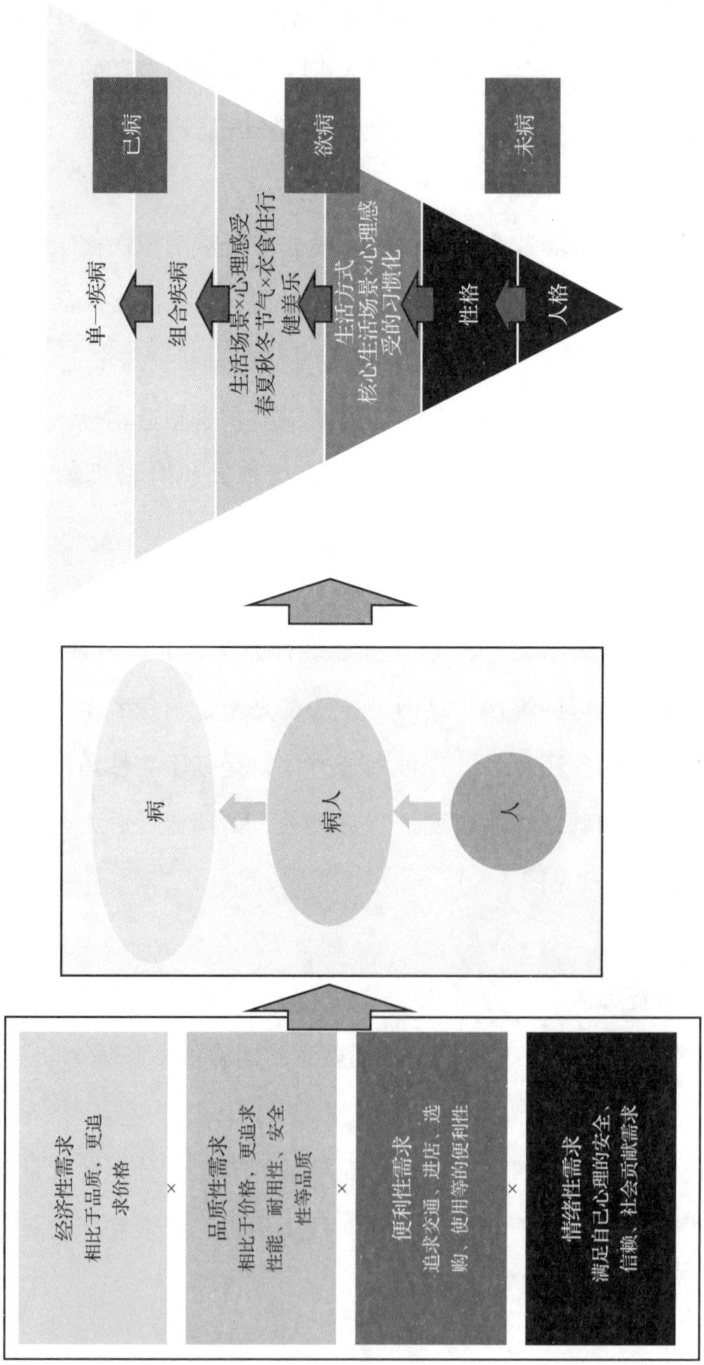

图 5-6 大健康行业需求层次

行情、敌情、我情、客情，知势、知彼、知己、知人，是做营销策划的基础，基础打牢了，营销策划才能如虎添翼。在实际操作中，要避免两个方面的误区：一是忽视四情分析的重要性，为赶时间而放弃前端的分析研究；二是为做而做的形式主义，经常把固有认知强加于客观研究，特别是当客观研究结果与固有认知出现较大偏差时，或客观研究缺乏科学性、系统性、逻辑性，导致误导主观判断。这些都是我们需要避免的。

第六章

C H A P T E R 6

品牌模式规划

第一节　品牌架构的模式

在讨论品牌模式规划之前，先简单谈谈品牌化决策。

有些人会把品牌化决策放在品牌模式规划之前，作为品牌战略规划的第一步。品牌化决策解决的是品牌的属性问题。如究竟是选择制造商品牌还是经销商品牌？是塑造企业品牌还是产品品牌？是自创品牌还是外购或加盟品牌？品牌在创立之前就要决定企业品牌选择以及企业是否以品牌为中心来展开营销，这将决定企业今后的命运。初创企业可能需要考虑这方面的课题，但对绝大多数企业而言，可能在企业创立之初，这个问题就已经很清晰了。所以，在讨论品牌战略规划时，我们就略过这一步。

品牌模式规划指的是品牌架构的规划，解决的是品牌架构的选择问题。所谓品牌架构，是指一个企业需要多少个品牌、品牌之间是什么关系这两个问题。是选择综合性的单一品牌还是多元化的多品牌？是母子品牌还是背书品牌？是单一的品牌结构还是多种品牌结构并存？一个清晰、协调且科学的品牌架构，对于整合有限的资源，提高效能，加速累积品牌资产无疑是至关重要的。一般来讲，最常用的品牌架构有五种模式：单一品牌结构、多品牌结构、母子品牌结构、背书品牌结构、多模式品牌结构。

一、单一品牌结构模式

部分单一品牌结构的产品如图 6-1 所示。不管企业的产品横跨多少个产品品类，包含多少个产品品种，品牌名只有一个。可以是企业品牌和产品品牌都只用一个品牌名，例如重庆太极集团的“太极”品牌、蓝月亮集团的“蓝月亮”品牌，既是企业品牌也是产品品牌。企业在推广产品的时候，在产品知名度提升的同时企业的知名度也同步提升，同样的，企业形象的提升也有助于消费者对产品的认知。

图 6-1　部分单一品牌结构品牌产品图

单一品牌结构也可以企业品牌和产品品牌各用一个名，但只推广产品品牌，例如金龙鱼是益海嘉里集团的食用油品牌，在营销活动中，企业只推广“金龙鱼”这个产品品牌，并不刻意去推广企业品牌。但这种情况不多见，常见的企业品牌与产品品牌不一样的情况是产品品牌不止一个，如宝洁。

单一品牌结构又分为一牌一品和一牌多品两种模式。一牌一品品牌结构，是指品牌个性特别强烈，不适于做品类延伸的那些品牌，整个企业只有一个品牌。例如，宝马、金嗓子等。一牌多品品牌结构，是指单一品牌，横跨多个品类的情况。又如，美的、海尔、娃哈哈、TCL 等。国外像这样的品牌结构典型的是三星。

单一品牌结构的优势是标识性很强，很聚焦，企业能够集中所有资源于一个品牌上；同样的，劣势也是由于标识性太强，有时不利于做延展，或容易一荣俱荣、一损俱损。

二、多品牌结构模式

多品牌结构模式是一种产品品牌战略，一个企业横跨多个品类，或一个品类里有不同的产品线，并以多个品牌涵盖之，就叫多品牌结构模式。

多品牌结构包含以下两种形式。

其一，是一个品类一个品牌的多品牌，这是最常见的多品牌结构模式。比如，花王的卫生巾用乐而雅，护肤品用碧柔，洗发水用花王品牌（见图 6-2）。

图 6-2　部分多品牌结构品牌产品图

其二，是一个品类多个品牌的多品牌。比如，丝宝集团有风影、舒蕾、丽涛等多个洗发水品牌。

这方面最成功的企业当数宝洁。宝洁仅仅在洗发水行业就拥有飘柔、海飞丝、潘婷、沙宣、伊卡璐等多个品牌，这样通过不同品牌对不同人群、不同功能、不同价格带或不同产品档次的覆盖，其目的就是为了占位，占领不同的细分市场，确保最大限度地扩张品类的规模，占领品类份额。飘柔强调的是发质的柔顺；海飞丝专注于去屑；潘婷突出的是营养；而沙宣给人的印象是专业，走美容院路线；伊卡璐则是一种调节人们心情的产品，对于年轻、喜欢新鲜的人士来说最有吸引力。伊卡璐的草本精华系列则源自天然植物，而其染发系列更弥补了宝洁没有定型产品的不足。同时，宝洁公司在不同的品类当然也启用不同的品牌，如口腔护理品类有佳洁士品牌，婴儿纸尿裤有帮宝适，等等。

多品牌结构的优势显而易见，特别是在细分化越来越明显的时代，除了能分别占领消费者的不同心智资源外，还分散了风险。但劣势是容易分散企业的资源，对资源相对有限而品牌化又很重要的企业而言，要慎之又慎；若所在行业品牌化不重要或企业首先追求的不是品牌化，这种品牌结构是分散风险的好方法。当然也有企业虽然采取了多品牌架构模式，但主推的还是一个或两个品牌。

三、母子品牌结构

母子品牌结构是指子品牌被母品牌所拥有，母子品牌之间是隶属关系。母品牌往往是企业品牌或集团品牌，子品牌是产品品牌（见图 6-3）。采用母子品牌结构的企业，一般会以一个品牌去涵盖一个产品品类，但不会用企业品牌去涵盖一个单一的产品品类；也一般会只有一个母品牌（即企业品牌）多个子品牌。

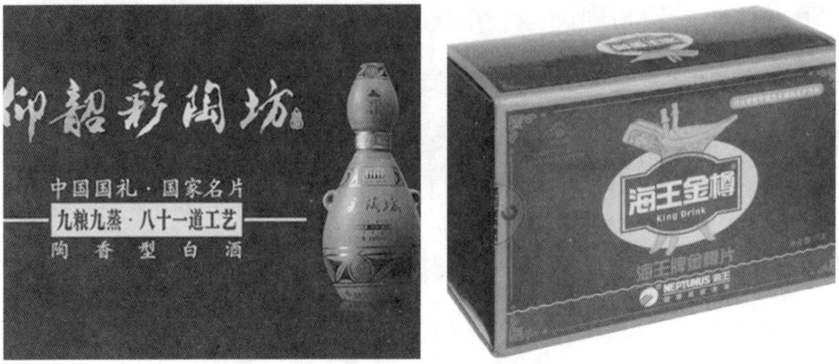

图 6-3　部分母子品牌结构品牌产品图

采用母子品牌结构的企业，一般母品牌较强，品类指向性也较明确。优势是能够充分发挥母品牌的影响力做品类延伸，从而带动系列产品的发展；而劣势是全系产品受母品牌驱动，一旦母品牌出问题则会连累全局。

四、背书品牌结构模式

背书品牌结构模式，又叫主副品牌结构（见图 6-4）。主品牌在市场中能影响顾客购买，而副品牌则是对主品牌的价值识别进行背书、补充或调整。主副品牌代表着价值驱动关系（主品牌驱动），而非隶属关系。

图 6-4　部分背书品牌结构品牌产品图

当新品类或新产品线在组分、功能或形象等方面明显与现有产品不一样，而又同属一个大类时，最适合采取这种品牌结构模式。

五、多模式品牌结构模式

多模式品牌结构是以上四种品牌结构模式同时存在的品牌结构组合方式（图 6-5）。

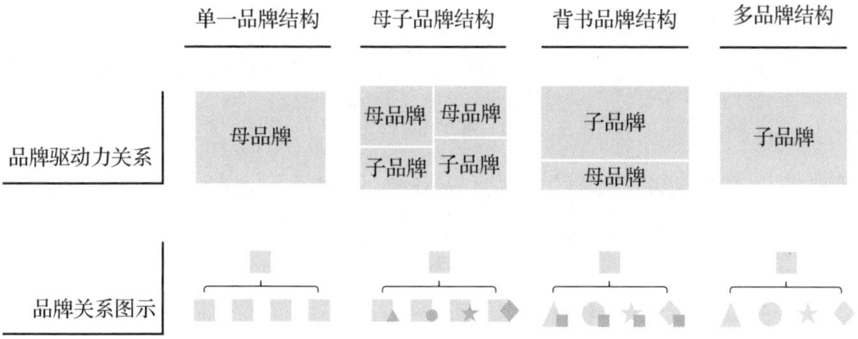

图 6-5　多模式品牌结构模式

很多企业往往一开始的时候采取单一品牌策略或母子品牌策略，以集中资源实现品牌突破。但随着产品的增加或品类的扩充，就会面临着品牌架构规划问题。我们曾服务过的上海主板上市公司——浙江莎普爱思药业股份有限公司，主打产品是一款专治老年性早期白内障的眼药水，经过近十年的OTC市场推广，单品最高年销售额达十亿元，是品类的领导品牌。莎普爱思品牌在中老年人群中有着较大的知名度和影响力。在发展的鼎盛期，公司收购了吉林强身药业，并推出复方高山红景天口服液等系列产品。此时就面临着品牌架构的选择问题——是继续沿用莎普爱思品牌还是启用新品牌“强身”？一方面，莎普爱思是上市公司品牌，有一定权威性和可信度，也已在中老年人群体中具较高知名度，对带动新产品的发展是很有利的。但另一方面，我们通过调研发现，消费者对莎普爱思品牌的品类认知仅限于外用的眼药水，特别是治疗白内障的眼药水，而新推出的产品则是具有确切治疗或保健功能的内服非处方药，品类延展不好做。而新品牌“强身”没有任何的品牌知名度，若完全采用多品牌架构模式，企业需投入大量资源和时间来培育，这对于当时资金等实力还不是十分雄厚的莎普爱思企业来说是不现实的。经慎重考虑，最后我们建议企业采用背书品牌结构模式，即新产品打“强身”品牌，以“莎普爱思”品牌做背书。这样既实现了品牌与品类的关联性，又能借助“莎普爱思”公司品牌在中老年人群体中的影响力及上市公司的权威性，对新品牌及新产品的推广是很有帮助的。

第二节　品牌架构模式的选择

品牌架构模式的选择没有固定的要求，需结合品类、产品及企业的战略、资源状况综合分析，才能做出符合企业发展目标和企业现状的策略选择。但还是有一些规律可以遵循。

（1）单一品牌结构是最简单的模式，适合于任何企业，特别是初创企业或企业资源相对有限而又需要品牌驱动的企业。但同时也要看到，在个性化需求成为趋势的市场环境下，单一品牌结构模式已很难像以前那样“一牌打遍天下”了。

（2）多品牌结构模式非常适合于实现人群细分、品类细分、价值细分的模式，特别适合于品类众多、资源相对丰厚的品牌型企业或想以此来分散市场风险的企业。

（3）母子品牌结构模式非常适合于产品或品类的相关性较大，而母品牌又非常强大的企业。特别是母品牌的价值属性较清晰且号召力够强的时候。若母品牌的品类指向性较明显，则适合在此品类里做产品延展，反之则适合做跨品类延展。如东鹏特饮，其“年轻就要醒着拼”的价值主张能在年轻人群中引起较大共鸣。

（4）背书品牌结构模式适合于企业产品品类跨度较大或相关性不

大的企业，特别是当新产品的个性非常鲜明或与现有产品有较大区隔时。这种模式下，往往背书品牌的知名度和影响力均较高。

有些企业由于要满足不同的消费需求，产品线众多，但由于缺乏品牌架构设计的概念，造成品牌模式混乱，最终也会影响到消费者对品牌的认知，影响到产品的销售。

第三节　品牌模式规划实例

河南赊店老酒股份有限公司是一家位于河南南阳市的全国白酒工业百强企业，主导产品赊店老酒历年来被评为“河南省著名商标”等，产品畅销河南及附近地区。近年来，产品不断向中高端化发展，企业也非常重视品牌建设，成功地进行了品牌架构的梳理，为品牌化发展开了好头。其实刚开始的时候，企业的品牌模式还是很模糊的（见图 6-6）。

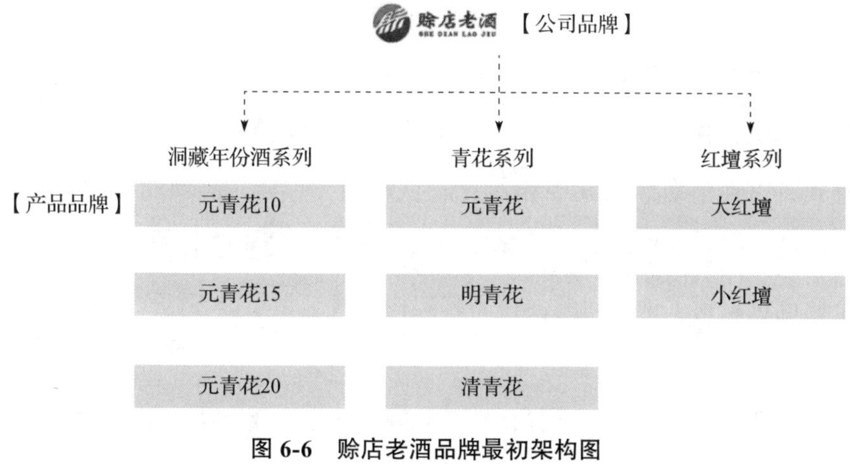

图 6-6　赊店老酒品牌最初架构图

赊店老酒是企业品牌，产品品牌有元青花、明青花、清青花等，更多的是采用母子品牌的模式，如元青花这款产品，品牌是赊店元青花（见图 6-7）。

图 6-7 赊店元青花产品宣传图

这就出现了两个问题：一是元青花这个品牌既存在于洞藏年份酒系列里，也存在于青花系列里，品牌认知容易混淆；二是采用母子品牌模式，以在消费者认知中相对比较低端的“赊店”品牌驱动相对比较高端的“元青花”品牌，这种“以低带高”的做法是有问题的。后来，企业也意识到了这些问题，在品牌架构模式上做了以下两个改变。

一是在“元青花”上摒弃母子品牌模式，改用背书品牌模式，重点突出“元青花”的中高端的形象，而用“赊店老酒”作为背书，凸显历史悠久的品牌内涵。

由：

赊店老酒

赊店元青花

改为：

赊店老酒

元青花

二是，把“元青花”只作为洞藏年份酒系列的品牌。

最终梳理完成后的品牌架构如图 6-8 所示。

图 6-8　赊店老酒品牌新架构图

第七章

C H A P T E R 7

品牌定位

第一节　品牌理论的三次演变

“定位理论”是当今应用最广的品牌理论之一，由艾·里斯和杰克·特劳特于1969年首次提出，经过多年的实践和完善，现已相当成熟了。其实，近百年来，根据外部市场环境的变化和消费者心理的变迁，包括定位理论在内，品牌理论经历了三次演变：USP理论、形象理论、定位理论，其诞生和广泛应用的时代分别被称为产品时代、形象时代和定位时代。

一、产品时代

产品时代指的是20世纪50年代，其市场特征是消费者需求大量存在，但能满足消费者需求的产品很少，需求的发展快于技术和产品的发展，市场出现了供不应求的情况。其主要特点是：

（1）需求大量存在，但产品稀缺。

（2）竞赛的阵地在工厂。

（3）竞争不激烈，尚属初级阶段，比的是生产线、生产速度与成本。

在这个背景之下，市场营销领域诞生了“USP 理论”。该理论于 20 世纪 50 年代初由美国人罗瑟 · 瑞夫斯（Rosser Reeves）提出，要求向消费者说一个“独特的销售主张”(Unique Selling Proposition)，简称 USP 理论。其要点是：

（1）必须向消费者提出一个利益承诺（或叫主张）。

（2）这个主张必须是竞争对手所不能或不曾提出的。

（3）这个主张必须有足够的促销力，能打动顾客。

（4）通过每则广告都向顾客提出同一个主张。

USP 理论的创造力在于揭示一个品牌的精髓，并通过强有力的、有说服力的数据证实它的独特性，使之所向披靡，势不可挡。福特汽车是产品时代的典型代表。

USP 理论虽然经过了 70 年，但一直是市场营销中非常重要的理论之一，至今仍被广泛使用，如图 7-1 和图 7-2 所示。

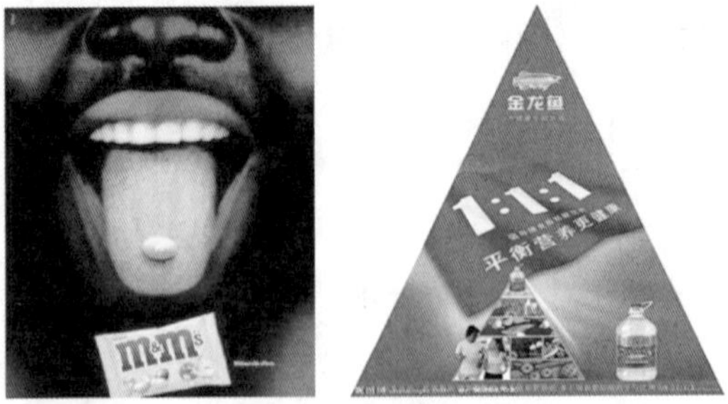

图 7-1　USP 理论知名品牌宣传图（a）

注：① M&M’s 巧克力：只溶于口不溶于手。
　　②金龙鱼食用油：1∶1∶1，平衡营养更健康。

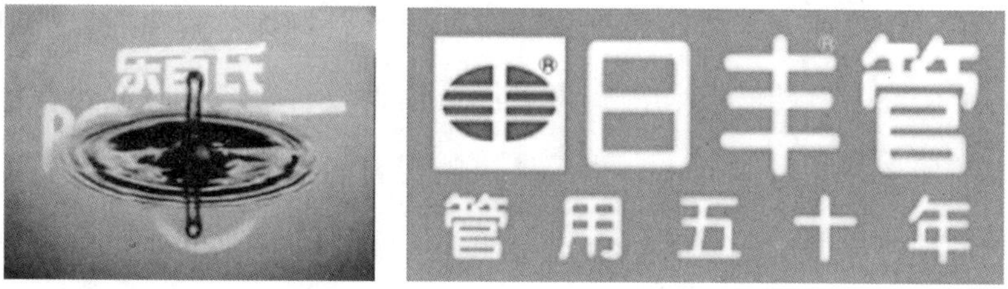

图 7-2 USP 理论知名品牌宣传图（b）

注：①乐百氏纯净水：39 层净化。
②日丰管：管用 50 年。

我曾就职于和记黄埔旗下的一家保健品合资公司，该公司早年主打一款针对青少年的提高记忆力的产品“脑灵通”，其主要功效成分是 DHA。当时提出的 USP 是“30 天提高记忆商数 18.52”，围绕此独特卖点，构筑其支持理由：

（1）含有世界卫生组织推荐的每日 DHA 摄入量。

（2）经人体实验证实，脑灵通 30 天提高记忆商数 18.52。

脑灵通凭借这个独特的卖点，突破了常规的健脑益智类产品的做法，走细分市场之路；避开当时强劲的竞争对手“脑轻松”，集中火力攻打考生市场，与对手打贴身战，巧妙地夺取了市场份额，上市三个月迅速成为区域市场指名购买率最高的健脑产品（第三方数据支持），曾被誉为“中国十大经典广告”。

上述脑灵通的广告就很好地演绎了 USP 理论的精髓，即提出一个独特的主张（卖点），并向消费者证明其独特性，增强这个主张的说服力，从而使此卖点具有足够的销售力。

在广告实践中，人们经常会运用USP理论制作广告素材，如电视广告片、终端宣传物料、消费者或店员培训教材等。这时候会在深刻洞察消费者痛点的基础上，提出解决消费者痛点的独特主张，并证明其独特性，最后给消费者一个利益承诺。把整个提出问题、解决问题的说服过程用简单扼要、具逻辑性的语句表达出来，形成“故事板”（国外通常叫story board）。这个逻辑关系可用图7-3所示。

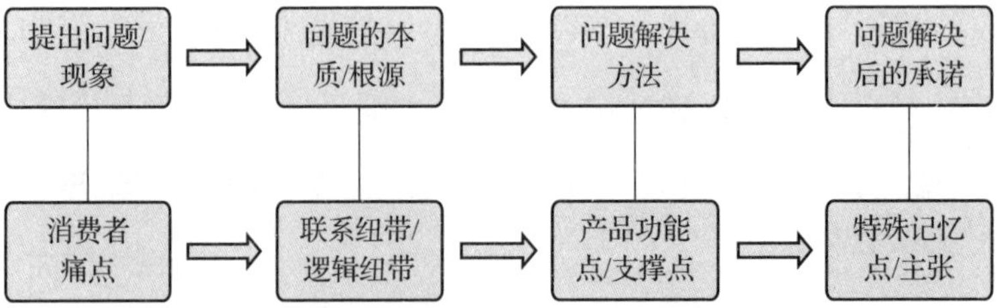

图7-3 USP理论实践逻辑关系图

举一个汤臣倍健健力多的30秒电视广告实例来说明以上逻辑在实际中的应用，如图7-4所示。

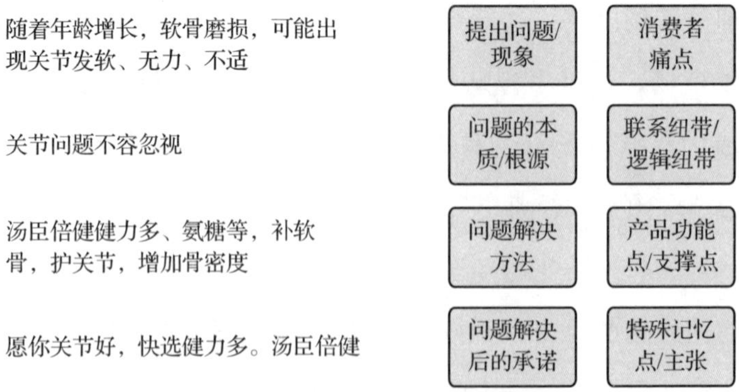

图7-4 健力多电视广告逻辑构想

同样的，汇仁药业集团的汇仁肾宝片的电视广告片也是个很好的例子，如图 7-5 所示。

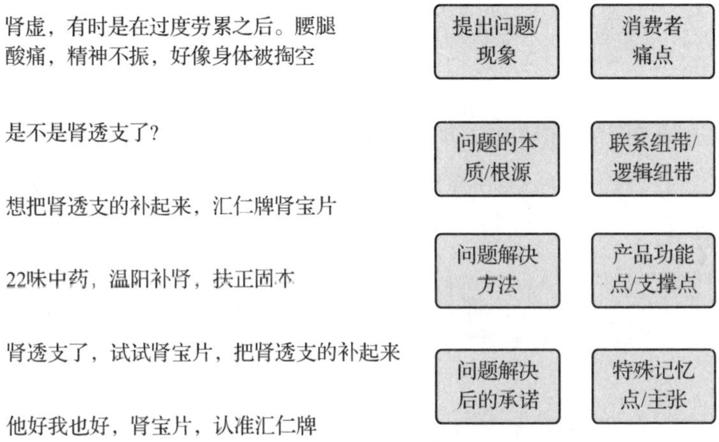

图 7-5　汇仁肾宝片电视广告逻辑构想

其实很多品牌在运用 USP 理论做品牌宣传时大都是这个逻辑框架，这个逻辑框架也是 USP 理论在实际运用中的常见工具。

二、形象时代

形象时代始于 20 世纪 60 年代，形象理论也诞生于此年代。当时的市场环境特点是：

（1）产品趋向同质化。

（2）消费者经验增加，开始不注重产品的差异，而是追求超出功能需要的感性价值。

（3）企业的营销战略在于为品牌打造一个独特的形象。

在此背景下，营销人发觉仅靠USP理论已不足以引起消费者对产品的兴趣，于是，奥格威提出了“品牌形象理论”，其要点是：

（1）随着产品同质化的加强，消费者对品牌的理性选择减弱。

（2）人们同时追求功能及感性利益，广告应着重赋予品牌更多感性利益。

（3）任何一则广告，都是对品牌形象的长期投资。

形象理论的精髓在于通过构建一个品牌形象，使消费者感受到所购买的是产品能够提供的物质利益和心理利益，而不仅仅是产品本身。

形象理论时代典型的案例是万宝路香烟，其塑造出的美国西部牛仔形象至今仍让人记忆犹新。力士香皂的成功也得益于成功运用了形象理论，其光鲜亮丽的影星形象一直映射着力士香皂时尚、高雅、美丽的品牌形象。相比之下，多芬香皂更多的是运用USP理论：含1/4滋润乳液，如图7-6所示。

我在美晨集团（其前身是具有100多年历史的广州牙膏厂）担任市场总监时，曾主导了黑妹牙膏的品牌形象推广工作。被誉为当时口腔护理品类四大民族品牌之一的黑妹（另外三个是中华、两面针、冷酸灵），最早以“国际香型内含口洁素”的独特卖点立足于市场。后推出“黑妹清热牙膏”，并以此为契机，顺势提出“清新人类、活力黑妹”

的品牌形象主张，进一步强化品牌的感性诉求，拉升品牌的形象，让品牌历久弥新。经过多年的积累，黑妹品牌在消费者心目中积累起了一笔非常重要的无形资产：清新感、活力感、健康感。

图 7-6　万宝路、力士、多芬产品宣传图片

三、定位时代

定位理论由美国著名营销专家艾·里斯（AL Ries）与杰克·特劳特（Jack Trout）于 20 世纪 70 年代提出。当时的市场背景是：

（1）形象之间的类似使消费者难以区分。

（2）媒体与信息爆炸式增长，消费者无力区分。

（3）人类正面临三大威胁：人口增长、环境污染、信息爆炸。

定位理论产生的关键因素是对消费者认知模式变迁的洞察，其要点是：

（1）信息时代人们的心智启动了两项功能以保护自己，一是排斥信息，二是自动将信息简化归类。

（2）消费者不再去辨认哪个品牌的形象如何，而是把产品分成类别储存起来，每个类别只记几个足够应付的品牌。

（3）有关品牌的新信息，只有符合这种分类才被接受，凡是与心智中已有信息或概念相冲突的信息，一律排斥在外。

所以，定位的本质就是占有顾客心智资源。所谓定位，就是让品牌在顾客的心智阶梯中占据最有利位置，使品牌成为某个类别或某种特性的代表品牌。定位理论的精髓是把营销的焦点从过去的产品角度（不管是 USP 理论还是形象理论均是如此）转移到消费者角度，一切均以消费者心智为原点和目标点，这是营销史上一次伟大的创新。因为企业看待品牌与消费者看待品牌是不一样的，只有站在消费者角度思考问题，才能最终占据消费者心智。所以，定位本质是企业或品牌在顾客心中拥有的最最宝贵的、不可再生的“心智资源”，只有建立在顾客心智阶梯中的定位才是驱动企业成长的力量。工业时代的竞争在工厂与市场上展开，而信息时代的竞争是在顾客的心智中展开。企业要去争夺的是顾客心智中有限阶梯的一席之地，即占有心智资源，建立定位。

站在消费者的角度，从消费者的固有心智出发，是做定位的关键。在实际应用中，营销人员往往对此理解不透，容易出现偏差，比如：

（1）容易从企业自身角度或产品角度去思考。格力电器是一家很受尊重的企业，产品也确实不错，但在做品牌定位上，恐怕并没有其产品那么叫好又叫座。一句“格力掌握核心科技”明显就是从企业自身的角度来说话。核心科技到底对消费者意味着什么？能给消费者带来什么？这样思考问题的角度才是真正的消费者角度。

（2）总想说多些，似乎想要抢占好几个心智资源，但实际上一个都抢不到。很多人经常看到益安宁丸的广告，这个产品也确实做得不错。在市场拓展前期，企业以“冠心病专利药”作为定位，迅速抢占市场份额；加上强有力的广告推广，销量上升很快。但年销售量超过十亿时就遇到了瓶颈。再加上广告审核的原因，企业遂改为：“心脏不好选好药，香港益安宁丸”。“心脏不好”“好药”“香港出品”“益安宁丸”，信息点很多，所以刚开始有见效，但并不持续。后来我们建议企业优化定位，改用“心脏不好，益安宁丸”，简单、直接、明了，品类占位足够大。

（3）不是消费者心智资源中固有的，而是把营销人员自己的想法强加给消费者。早年我们曾经历过一次小小的失败：在帮助康恩贝集团做一款眼药水的策划时，提出“专治青少年假性近视”的定位，但很快就被市场验证是失败的。当然，失败的原因很多，但就此定位而言，明显就是把营销人员自己的想法强加给消费者的做法。在消费者的认知中，真性近视与假性近视如何区分是没有清晰的说法的，消费者即使是专业的医护人员也没有能够准确地区分真假近视的客观标准，也没有眼药水治假性近视这样的认知。所以，从一开始就注定了要失败。USP 理论、品牌形象论、定位理论的比较如表 7-1 所示。

表 7-1　USP 理论、品牌形象论、定位理论对比表

	USP 理论	品牌形象论	定位理论
产生时间	20 世纪 50 年代	20 世纪 60 年代	20 世纪 70 年代以来
核心理论、主张	强调产品具体的特殊功效和利益	塑造形象，长远投资	创造心理位置，强调第一
方法和依据	实证	精神和心理的满足	类的独特性
沟通的着眼点	物	艺术、视觉的效果	心理上的认同

在营销史上，USP 理论、形象理论、定位理论是先后渐进式发展起来的，是根据当时的市场环境变化以及消费者的认知模式变迁而逐渐演化的。中国市场环境和美国很不一样的地方，在于它不是一个渐进成熟的市场，而是一个受全球一体化挤兑影响跃进式发展的市场。所以，中国的市场环境不是 USP、形象、定位一个时期一个时期逐渐推进的，而是三个时期并存并迅速跨越。另外，行业不一样，所处的阶段也不一样。

第二节 品牌定位的内容和要求

品牌定位到底要做哪些东西？品牌定位就是一句话吗？要回答这个问题，就要先从品牌的本质来分析。从品牌的四个基本内涵和四个基本特性来看，品牌定位就是要解决认知、关联的问题。而且这个认知和关联是成体系的，有差异性的，能帮助企业实现价值的。认知性和关联性是品牌定位的内容，其他是品牌定位内容的特征。也就是说品牌定位就是要让消费者对品牌的认知产生什么样的关联。这种关联在前面也有阐述。品牌定位的基本内容主要有品类定位、人群定位、功能定位、情感定位、个性定位、价值定位等几个方面。

一、品类定位

产品类还是服务类？大品类还是细分品类？已有品类还是创新品类？创新品类包括对现有品类的改良和提升，跨界联合品类，全新品类等。如：

- 草晶华：破壁草本，突破了现有中药饮片的品类，创建“破壁草本”新品类，通过对现有品类的提升来创新品类。

- 益安宁丸：心脏不好，益安宁丸。从过去的“冠心病专利药”到目前这个定位，实现了从小品类到大品类的跨越。
- 东阿阿胶：滋补国宝，从过去的补血品类跨越到更大的滋补品类，同时“国宝”的定位也提升了品牌的形象和价值感。

品类定位是品牌定位的重要内容，它决定了品牌竞争的纬度和强度。品类的同质化越明显，品牌的边界感就越模糊，竞争的纬度就越接近，竞争的惨烈程度也就越强。

同时，通过品类定位，也能很好地寻找属于自己的蓝海市场。大家知道，红海市场打的是价格战；而蓝海市场打的是价值战，所以寻找蓝海市场的过程就是价值创新的过程。通过品类定位来寻找蓝海市场，就意味着通过价值创新来实现品类占位，从而成为新蓝海市场的领导者。通常有创新品类、品类细分和品类创新三个方法。

1. 创新品类

与现有品类完全不同，属于全新的品类，暂时没有任何竞争对手，此品类完全属于自己品牌所有，品牌就代表着品类，同时品类即品牌。在此新品类中，品牌是唯一的价值提供者。如马斯克的太空旅游就是开创了一个全新的服务品类，想起太空旅游就想到马斯克。

开创品类 → 创造蓝海

但现实的情况是，在消费品市场，我们能想到的消费者需求几乎都有品牌在满足；或者是对于有些消费者需求，囿于当前的技术手段，还没有办法生产出合适的产品，或即使能生产出来但成本相当高，不具备市场推广的意义。所以，开创全新的品类虽然是开创新蓝海的很好的手段，但实际上这样的机会在现实中是少之又少。挖掘消费者的新需求，并通过科技创新的方式去满足这种需求是开创新品类的有效方法。另外，有些新品类是通过开发现有产品的新用途来实现的。如西地那非是辉瑞制药公司发明的心脏病新药，科学家们希望它能够治疗心绞痛。然而这种心脏病新药在英国的一家医院进行临床试验时，医生们却发现该药具有一种奇特的“副作用”：能使男性生殖器官迅速勃起。于是辉瑞公司根据这个意外发现，决定将此药命名为“伟哥”，男性壮阳品类的领导品牌由此诞生。类似的案例还有很多，如不粘锅品类就是伴随“特氟龙”这种新材料的新应用而产生的；微波炉品类也是科学家们在科学实验中发现了微波发射磁控管的副作用而来的。

2. 品类细分

在现有品类中，品牌以差异化卖点与其他竞争者进行区隔。在大品类中划分出一个细分品类，同时以差异化卖点迅速抢占此细分品类并成为细分品类的领导者。如江中牌健胃消食片就是一个非常成功的通过细分品类成为领导者的品牌。胃药市场很大，品牌众多，作为后起之秀的江中很难在整个大品类里与众多强势品牌竞争，同时健胃消食片的产品力也决定了其不能在整个胃药大品类里成为领导者。于是，江中巧妙地把胃药市场细分为重症治疗型市场和日常助消化市场，昔日的强势品牌如斯达舒、胃康灵、三九胃泰等均属于重症治疗型用药；而江中则是针对小胃病引起的消化不良型的用药，以此形成区隔并通过强化家中常备、日常服用等卖点，迅速占领了日常助消化市场。汇仁肾宝片也是通过把补肾市场细分为“事先补”和“事后补”两大类，把市场上的现有产品均归类到“事先补”的市场，而汇仁肾宝片则独占“事后补”市场，通过提出“把肾透支的补起来”这个主张迅速成为补肾市场的新王者。

品类细分 ➡ 区隔蓝海

当然，并不是所有的品类都能够通过品类细分的方式来寻找蓝海市场。成功进行品类细分，必须要满足三个条件。

第一，品类规模足够大。只有品类规模足够大，其细分市场才能具备一定的规模，也才有进行细分的意义。否则，规模太小的品类其细分市场一定也很小，满足不了企业品牌推广的需求。

第二，细分的维度必须是消费者心智中固有的认知或满足消费者对此品类细分的认知规律。只有这样，细分后的市场才能被消费者接受。任何从企业主观角度出发，不考虑消费者认知的强加给消费者的细分，最终都注定会失败。关于细分的维度，见本章第三节中的详细论述。

第三，细分的领域能够满足消费者未被很好地满足的需求。首先是在这个领域里，消费者的需求确确实实存在，但还没有品牌去满足，或虽有品牌满足但消费者并不满意；其次是自己的品牌在此领域具备明显优势，在满足消费者需求上能比竞争品牌做得更好。

把原品类按照某个维度划分为相互对应的两大阵营，是常用的品类细分方法。如上面所介绍的江中牌健胃消食片，把胃药市场按照病症轻重的维度划分为重症用药和日常轻症用药两大阵营；汇仁牌肾宝片把补肾市场按照使用的场景维度划分为事先补和事后补两大阵营；也有品牌把补肾市场按照肾虚的类型维度划分为补肾阴虚和补肾阳虚两大阵营等。还有一种细分的方法是把原品类按照一定维度划分为若干个细分市场。如补钙市场，就可按照使用人群维度划分为儿童补钙市场、中老年人补钙市场、女性补钙市场等。广州白云山潘高寿药业股份有限公司就把止咳药市场按照咳嗽的病因维度划分为风寒咳嗽市场、风热咳嗽市场、风燥咳嗽市场、肺阴虚咳嗽市场四大细分市场，并推出不同的产品来对应相应的细分市场，如图 7-7 和图 7-8 所示。

图 7-7　白云山止咳药宣传图（a）

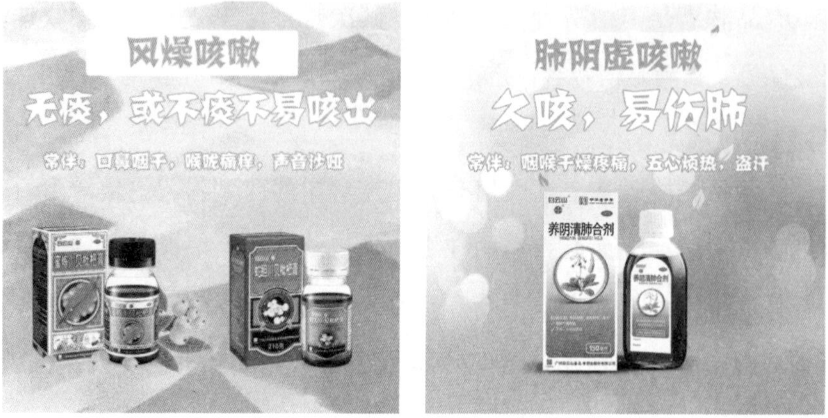

图 7-8　白云山止咳药宣传图（b）

3. 品类创新

品类创新是在现有品类的基础上，通过提供新的价值点的方式达到开辟新蓝海市场的目的。同样是通过提供新的价值点的方式开辟新蓝海市场，品类创新与品类细分是有很大区别的。品类细分虽然也是在原有品类基础上提供新的价值点，但新的价值点是涵盖在原有价值点之下的，是原有价值点的细分。如汇仁肾宝片在补肾价值点的基础上细分出“事先补”和“事后补”两个细分价值点，不管是“事先补”还是“事后补”，都是从属于“补肾”这个价值点，都是“补肾”这个大价值点下面的两个细分的价值点。而品类创新则不一样，新的价值点并不是从属于原价值点之下的，而是两个完全不同的价值点或者只是存在因果关系的两个价值点，甚至新的价值点能涵盖原有价值点。

品类创新 → 创新蓝海

品类创新有两种方式：一是品类升级，二是品类跨界（见图 7-9）。

图 7-9　品类创新的两种方式

品类升级是对原品类改变品类属性（如配方、工艺等）、提升原有品类的消费者价值体验（功能利益体验或情感利益体验）、提出全新的价值主张等方式，给消费者一种全新的、比原品类所能提供的价值点更高级的价值体验，从而开辟新的赛道。曾经风靡一时的上市公司青海春天的极草，作为含着吃的冬虫夏草，以高科技加工的手段开创了传统滋补品的崭新时代，深深地打动了高端消费人群。极草就是典型的品类升级的案例，通过在产品属性层面的技术及工艺的创新，改变了冬虫夏草的形态，从而改变了其服用方式，从过去“煮来吃”或“泡着吃”升级为“含着吃”。更重要的是，由于技术的改变，这种“含着吃”的冬虫夏草更带来了功效成分高效利用的新的价值点，是对原品类的升级改造的结果，是典型的品类升级的做法。类似的案例还有中山中智药业的草晶华牌中药饮片。中药饮片是传统的药品品类，中山中智通过现代超微粉碎技术，突破了中药破壁的难关，在生产过程中实现了中药饮片的破壁成粉。与传统的中药饮片相比，破壁的比不破壁的吸收会更好；又由于成品是粉状，可以冲服，外出携带也很方便。这两个特点带给消费者的是与传统中药饮片完全不一样的，或者说是更好的体验。中山中智由此提出了“破壁草本”定位，并提炼出“更好吸收”和“服用便捷”的两大利益点。这也是典型的品类升级的做法。两品牌创新升级后的变化如图 7-10 所示。

图 7-10　极草、草晶华创新升级后的宣传图形象

还有一种品类升级的做法是重新定义原有品类，使消费者对原品类有全新的认知，这叫做“认知升级”。如前面反复提到的太极藿香正气口服液，通过“匡扶正气的中药饮液”的新定位，把消费者对藿香正气口服液的认知从过去的只是防暑解暑的藿香品类，提升到匡扶人体正气的“正气”品类，为产品功能的延展以及产品线的扩充提供了很大的发展空间。

综合而言，品类升级有两个办法：品质升级和认知升级（见

图 7-11）。

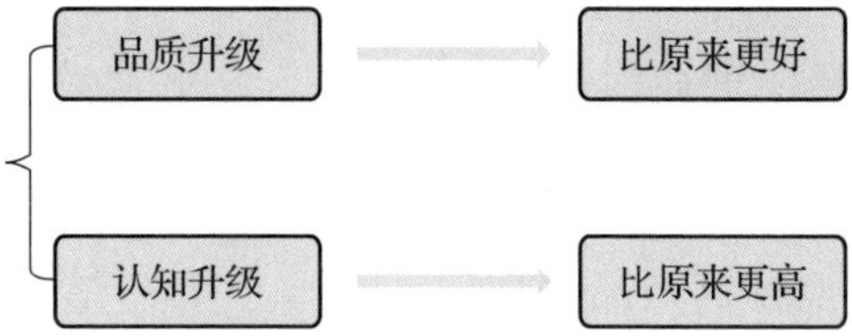

图 7-11　品类升级的两个办法

赛道不一样，竞争的纬度和强度当然不一样。品类升级往往能改变原有品类的竞争格局，引领整个品类的发展，做大品类蛋糕，对品类里的传统品牌能起到降维打击的效果，所以品类升级的品牌也往往较容易发展成为品类升级后的领导品牌。

品类创新的第二种方式是品类跨界，即跳出原有品类，挖掘新的价值点，参与到其他的更大的或竞争相对温和的品类的竞争。如汤臣倍健的健力多（见图 7-12），主要成分是碳酸钙、酪蛋白磷酸肽、氨基葡萄糖、硫酸软骨素、骨碎补提取物，这些成分结构决定了健力多具有

图 7-12　健力多品类跨界前后对比

补钙的保健功能，同时也含有补充关节营养的氨糖和软骨素等成分，产品的保健功能是增加骨密度。在推广初期的几年时间里，健力多提出的主张是“补钙，更补软骨”。很明显，这个主张给消费者的利益承诺更多的是“补钙”，只是在“补钙”的基础上附加了一个“补软骨”的利益点以与其他补钙产品做区隔，但本质上还是在补钙品类里来竞争。大家知道，中国的补钙市场是发展比较早的市场之一，从 20 世纪 90 年代开始就已出现好几个强势品牌，如巨能钙、盖中盖、钙尔奇、朗迪钙、迪巧钙等，市场也已相当成熟，竞争也异常激烈。但健力多依靠着汤臣倍健品牌的背书以及“更补软骨”的附加利益点，在大力度广告的加持下，依然在一片血红的补钙市场里迅速站稳脚跟，销售额达到了 3 ～ 4 个亿；但与巨量的广告投入相比，投入产出比显然不理想，产品的发展也很快遇到了瓶颈。后来，我们协助企业对产品定位进行了调整和优化，提出新的价值主张“补软骨、护关节”，完全跳出了补钙的品类，进入到关节品类。关节品类也是一个很大的品类，而且更刚需，但发展相对比较晚，除近年的“曹清华牌薏辛除湿止痛胶囊”外，还没有任何一个具全国影响力的领导品牌。但从严格意义上来说，“曹清华”的主治功能是“散寒除湿，活血止痛”，也多次因虚假广告违法受到各地监管部门的通报批评，这对汤臣倍健健力多而言是个很大的机会。事实证明，健力多继续加大广告投入，以全新主张对消费者进行“补软骨、护关节”的认知度教育，先是针对中老年刚需人群进行教育，迅速占领这部分人群市场后，再扩展到中青年的运动人群，市场空间持续扩张，销售额也连年创新高，很快就超过了十亿元。

汤臣倍健健力多的品类跨界是在两个平行的不同品类之间做跨越。当然这两个品类的市场规模都足够大，但相对而言，关节品类的市场发展成熟度和品牌竞争程度都没有补钙品类高，所以跨越到关节品类更有机会。另一种品类跨界的做法是在原品类带给消费者的价值点基础上做扩充或延展，以扩大到市场空间更大的新的品类里来，新的品类和原有品类存在包含关系。典型的例子就是东阿阿胶，品牌功能定位从补血延展到滋补，消费者对东阿阿胶的认知也从过去的补血品类扩大到滋补品类（见图 7-13）。滋补品类比补血品类的市场规模要大得多，补血品类只是滋补大品类的一个细分而已。

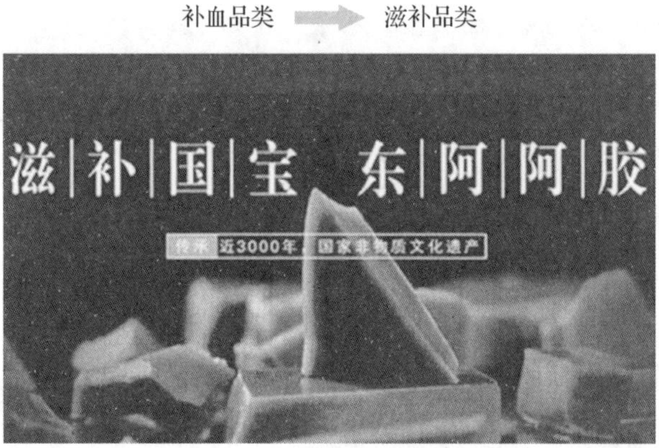

图 7-13　东阿阿胶品牌宣传图

综上所述，品类跨界也有两种方法。

一是平行跨界，即在两个平行的品类之间跨界（见图 7-14）。可能两个平行品类的市场规模会不一样，品牌就从小规模的品类跨越到大规模的品类里，以寻求更大的市场发展空间。但更多的情况是两个平行品类的市场发展成熟度和竞争状况不一样，有时还差别很大，品牌从市场发展成熟、竞争激烈的品类跨越到市场发展相对没那么成熟、竞争相对没那么激烈的品类里，汤臣倍健健力多就是如此。

二是扩充跨界，即从一个市场规模相对不太大的品类扩充到另一个更大的品类里，两个品类之间是包含关系。

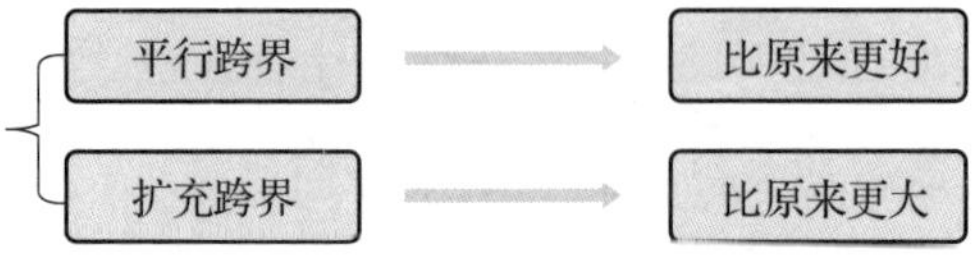

图 7-14　品类跨界的两种方法

所以，品类定位做得准、做得好，有时候对于赢得竞争优势是起决定性作用的。不管是开创品类，还是品类细分、品类创新，其核心点都是价值创新，通过向消费者提供新的价值点而与竞争品牌拉开竞争的纬度，加大自己品牌的竞争强度，是开创新蓝海市场的有效手段。

二、人群定位

人群定位包括适用的人群特征、人群画像（包括行为特征、态度洞察等）。品牌的适用人群往往是很鲜明的，但并不是一成不变的。可以通过产品功能的延展或提出价值主张来扩充人群。

关于人群画像，主要指核心人群的画像，必须有清晰的界定和具体的描述。核心人群画像一般可分五步来完成人群画像的界定和描述。

（1）先做人群细分。根据品类具体情况，按一定维度对目标消费人群做细分，这种维度可以是年龄、性别等人口特征层面的；也可以是消费行为、消费习惯层面的；当然也可以是价值观层面的；可以是单一维度，也可以是多维度。不同品类，各种维度对消费者的选择影响程度是不一样的，需要根据品类具体情况，按照对消费者的品类选择影响较大者为首要细分维度。

（2）再做细分后各种不同人群对品类的态度分析，尤其是偏好度分析。

（3）接着选择最适合品牌的某个细分人群作为该品牌的核心人群。

（4）进而对这个选定的核心人群从性格、生活习惯、生活态度、工作态度、个人追求、价值观、消费观等方面做全方位的人群画像描述。

（5）最后针对核心人群在该品类上的消费态度、行为、习惯等进行深挖。

三、功能定位

向消费者提供什么样的使用价值？消费者的利益体验是什么？以下是几个知名品牌的产品的功能定位。如：

- 健力多：补软骨，强硬骨。

- 江中健胃消食片：开胃消胀助消化。
- 蓝月亮：洁净无忧。

四、情感定位

满足消费者使用该产品（服务）后对情感上的需求。如：

- 999感冒灵：暖暖的，很贴心。
- 汇仁六味地黄丸：坚持爱。

五、个性定位

个性定位，也叫形象定位。每个品牌都有鲜明的个性形象，个性的展现是个系统工程，不是一句广告语能概括的。这个系统工程的源头就是品牌定位中的个性定位。

六、价值定位

提出一个价值主张，可以是生活态度方面的，或是价值观导向的，或是一个社会性的愿景，以引起消费者的共鸣。如：

- 美的：生活原来可以更美的。
- 耐克：Just do it。

- 奔驰：The best or nothing。
- 阿里巴巴：让天下没有难做的生意。
- 东鹏特饮：年轻就要醒着拼。

品牌定位就是要明确这六个方面的联想，但有时候根据市场发展阶段的不同，可以先做其中的某几个，不一定非得六个定位同时都做出来。最后呈现出的定位描述就是一句话，可以是明确其中的一个或多个定位内容（一般都是最具差异化的或是最核心的内容），其他的定位内容不一定在这句话中全部体现，但在品牌定位的体系中必须要有。

定位就是提出一个主张，并把这个主张根植于消费者的心智中。对于品牌定位的描述就是一句话，六个维度的定位都描述出来也就是几句话。看似很简单，但往往做一个品牌定位需要好几个月的时间。那么，如何判断一个定位是否合适或其优劣性呢？什么才是好的品牌定位呢？优秀的品牌定位基本上都符合以下七点要求。

第一，这个主张必须能满足消费者未被很好地满足的需求，也就是说能实现消费者价值。需要特别注意的是，不仅仅是能满足消费者的需求，而是未被很好地满足的需求。这里包含两个意思：一是未被满足的需求；二是未被很好地满足的需求。在产品多元化及营销技术高度发达的今天，找到消费者未被满足的需求不容易，但找到未被很好地满足的需求则很普遍。因为人的欲望及其程度是随着社会及经济的发展，以及个体的发展而不断提升的，所以，第二个表述更具现实意义。

什么样的需求才是未被很好地满足的需求？一般通过市场调研就能很好地回答这个问题。这种未被很好地满足的需求可以是物质上的，也可以是情感上的；可以是显性的，也可以是隐形的。但一定是能转化为意愿和动机的需求。

第二，必须站在消费者的角度来提出这个主张，而非企业的角度。这是很多营销人，特别是企业的营销人容易犯的错误。不要只是告诉消费者“我是什么”或“我的功能是什么”；而是要告诉消费者“我能给你带来什么”，要让消费者感受到切实的利益体验。“格力掌握核心科技”与“科技改变生活”这两个主张，虽然很接近，但由于所站的角度不一样，消费者的认知度和共鸣度就会很不一样。

第三，这个主张必须符合消费者的已有心智认知或认知规律。不要无中生有，不要简单地片面强调所谓的“新特奇”，不要把不符合消费者认知的东西强加给消费者。

消费者对冰箱、空调等家电的认知，主要是产品功能、外观设计、安全耐用、售后服务等层面，而没有一开始就以“高端”“低端”来进行划分和选择。所以，科龙集团品牌系统的核心问题在于，没有从消费者的心智出发来规划品牌，而是将自己的意志强加给消费者（见图 7-15）。

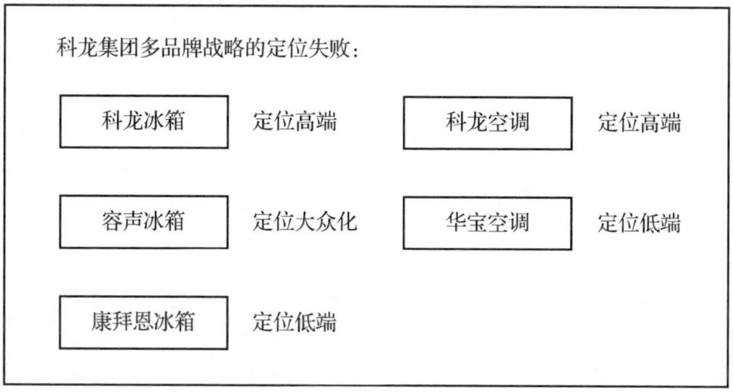

图 7-15　科龙集团多品牌战略定位失败举例

定位一定是消费者心智中的固有认知或是符合消费者认知规律的东西，尤其是后面这点，是我们在做定位创新时必须遵守的原则。如我们的策划人员曾经为一款男性保健酒做过定位：男人在家喝的酒。这个定位从两个维度对品类做了细分，一个是人群的维度，按性别的规律进行细分；另一个是场景的维度，按家里家外的规律进行细分。人群的维度对酒这个品类而言是符合消费者的认知规律的；场景的维度其实也是符合消费者的认知规律的，但问题在于对于场景这个维度，消费者并不是按家里家外这个地点规律来细分的，而是按朋友聚会、欢庆、小聚、解愁等的情景场景的规律来做细分的。所以，这个定位就是不符合消费者对酒这个品类的认知规律的，后来在推广的实践中也证明了这点。

第四，这个主张是竞争对手未曾提出过或做不到、做不好的。这点体现了品牌定位要符合品牌特性中的“独特性”。竞争对手做不到或做不好是具有较高的竞争壁垒的，可作为优先考虑项。更多时候是虽然竞争对手也能做到、做好，但他们没有去做；或者是虽然做了，但声量很小，消费者认知度很低，这个时候也是我们的机会。为了突出自己的定位，有时会人为地给竞争对手做定位，通过固化竞争对手的认知来强化自己品牌的认知。

百事可乐给自己定位为年轻的形象，而人为地把可口可乐定位为年老的形象，就是一个令竞争对手无法反驳的例子。

第五，这个主张必须是自己品牌的优势所在。别人做不到或做不好，但自己一定要能做到、做好，不能提空口号、乱承诺或戴大帽子，这方面害死品牌的例子很多。有时可能会因此而快速启动市场，但最终都会是昙花一现，这不是做品牌的打法。这里所说的自己品牌的优势，不一定是自己最核心的优势，对于消费者或竞争对手而言是明显的优势即可。这个优势更重要的是对消费者和竞争对手而言的。还有一种情况是，这种优势可能一开始没被发现，或自己认为不是优势，但做完消费者分析和竞争分析后，可能就会发现这其实是个优势。“优势”是相对而言的。如乐百氏纯净水的“每一滴水都经过 39 层净化”的主张，即符合上面第四点所说的“竞争对手未曾提出过”的原则，也符合这里所说的原则。因为当时几乎所有的纯净水生产厂家都是这么做的，都是经过这么多层净化的，刚开始并不觉得这是个优势，但做了竞争分析和消费者分析后，才发现原来如此。

第六，这个主张必须具备帮助品牌成为领导品牌或至少是前三品牌的潜力，即能很好地满足企业的价值交换、增值、累积的需求。根据特劳特的定位理论，消费者在一个类别里能记住的品牌最多是七个，而最常购买的品牌只能是前三品牌。但在实践中，“不能成为第一就成为第二”是被普遍认可的，第三其实是很难的。细分化的趋势使得成为“第一”或“第二”的可能性大大增加。

第七，新定位不能随意对旧定位做颠覆，除非实践证明旧定位真的不行了。新定位需要做的更多的是对旧定位的补充、完善或提升。被所谓的“新定位”害死的例子也不鲜见，重庆奥妮就是其中之一（见图 7-16）。

图 7-16　奥妮品牌宣传图

与国际知名广告公司奥美合作后，奥美为重新包装后的新奥妮提炼出“不腻不燥，爽洁自然”的核心价值，并以此作为电视广告的中心语。广告片的核心创意是一幅瀑布，头发构成的瀑布。该片半年投放费达 8000 万元。为了与广告创意相配合，奥美还策划了一项耗资 1800 万的名为“奥妮带你去看瀑布”的行销活动。但巨额的投入换来的却是冷淡的市场，半年收入还抵不上营销费用！奥妮的这一错误战略，使其丧失了“黑发”这一黄金地段，最终走向没落。而夏士莲则发起了“夏士莲黑芝麻，真正黑头发”的圈地运动，从而取代奥妮，大获成功。

第三节　STP 战略方法

关于如何做品牌定位，有哪些理论、方法和模型，营销史上已有很多论述，每家公司也根据自己的理解和实践提出了各自的方法论。但万变不离其宗，品牌定位就是“占领消费者心智”这个本质是不变的，所以，基于消费者分析基础上的定位方法是根本性的方法。下面介绍两种系统性的定位方法，均是基于消费者分析为基础的，一个是基于消费者分析基础之上先做细分再定位；另一个是基于消费者分析基础直接做定位。两套方法都分别会涉及 5 ～ 6 个维度的定位角度。这一节我们先分析 STP 战略方法。

STP 战略中的 S、T、P 三个字母分别是 Segmenting（市场细分）、Targeting（目标市场）、Positioning（市场定位）三个英文单词的缩写。STP 战略是现代市场营销战略的核心。

一、市场细分

根据购买者对产品或营销组合的不同需要，将市场分为若干不同的顾客群体，并勾勒出细分市场的轮廓。细分，就是把数量庞大的各种各样成分复杂的人群划分为许许多多性质相同的小组别人群（见图 7-17）。

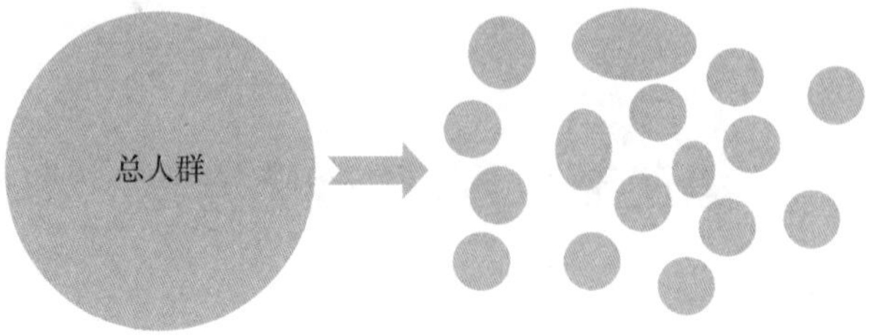

图 7-17 细分市场示意图

细分的维度有很多，但不管是通过什么维度来做细分，其背后都代表着不同的消费人群，所谓维度就是区分这个人群的特征标签。常见的细分维度有如下六个方面。

1. 从人群的直接细分入手

人群细分的方法有以下几点。

（1）把总人群划分为潜在购买者和非购买者。

（2）潜在购买者又可根据不同的细分需求进行进一步的细分。

（3）通常用到的细分变量如下。

1）人口统计学因素：年龄，性别，教育，收入，家庭规模，职业，家庭生命周期，民族，宗教，社会阶层等。

2）地理因素：国家、地区、城市、农村，城市规模，气候带，人口密度，地势等。

3）精神因素：价值观，生活态度、风格，个性等。

4）行为因素：利益需求，产品使用率，品牌忠诚度，消费量，适用场合等。

（4）这种细分必须同时具备以下四个要素才有意义。

1）可定义的：能够识别并用语言或数字清晰描述出来。

2）可触达的：包括信息触达和物流触达。

3）具区别性：与其他的人群具有明显的差异化特征。

4）市场足够大：目前或未来具备能支撑企业持续成长的市场规模。

（5）人群细分的程序如下。

1）市场调查：调查消费者的需求和欲望，购买行为和购买习惯。

2）市场分析：对市场调查的信息进行归纳、分析。

3）市场细分：根据分析的结果按一定纬度对市场进行细分。

2. 从渠道维度来细分

渠道细分的变量如下。

（1）生意规模：大、中、小。

（2）渠道类型：商超、药店、杂货店、CS 店、母婴店。

（3）渠道等级：有声誉的、普通的，或全国覆盖的、区域性的。

（4）渠道所处地点：住宅区、购物中心、商务区。

（5）渠道对应的顾客群：年轻、家庭、老年人、女性、男性。

但这种渠道的细分更多的是为制定推广策略而做的细分，在品牌定位时所做的细分主要是人群的细分。如可口可乐曾经将销售渠道划分为五种类型，并据此制定不同的推广策略：分销、陈列、促销、服务等。这五种类型如下。

（1）吃喝通路：餐馆、快餐店、酒吧。

（2）教育通路：中小学、大学。

（3）交通通路：铁路、机场、公交车站。

（4）购物通路：超市、一般商店、杂货店。

（5）工作通路：办公室、商业综合体。

这五种通路类型的划分主要是基于消费者类别、使用场合、到达频率、平均消费等因素，可见这种划分更多是基于推广策略的考量，而非品牌定位。

3. 从产品属性维度来做细分

基于产品本身，从其不同角度把产品划分为几个不同的类型，一般考虑细分的角度有两个。

（1）产品基本属性的角度。配方（组分）的不同、主要成分的不同、工艺技术的不同、产地的不同、口感的不同，都可把产品划分为不同的类型。

（2）产品功能属性的角度。一个产品可能有不同的功能，由于产地、成分含量或工艺的不同使得不同的品牌产品之间这些功能的侧重点是不一样的，若聚焦于某项功能就等于做了细分。

4. 从地域维度来做细分

上面提到产品基本属性的时候讲到产地的不同可作为细分角度，这里所说的地域维度更多的是指产品的适用区域。

5. 从场景的维度来做细分

产品的使用场景，包括时间场景、场合场景、情景场景。时间场景，如不同的使用季节，或一天中不同的使用时间，或特定的节日等；场合场景，如家庭专用、办公专用、户外专用、潮湿地带专用、婚宴专用等与地点有关的场合；情景场景，如欢乐时刻的场景，婚宴也可视为是一种情景场景，因为婚宴有特定的气氛情景。

6. 从品牌形象维度来做细分

以品牌档次来做形象区隔的，如豪华型、大众型；以品牌个性形象来做区隔的，如专业的、时尚的、传统的、年轻的（或活力的、清新的）。这些都可以作为品牌细分的考虑点。

以上六个细分维度是常见的做品牌细分的考虑点，但不同的品类，由于其所关联的消费群对品类认知的模式、程度不一样，有时甚至差别很大，所以并不是所有品类都可以同时从这六个维度来做细分的。

有的品类只能从其中的某些维度来做，而不能从其他维度来做，否则就有可能与消费者的固有认知产生冲突，这样就违背了做定位的基本原则。那么应如何区分不同品类所适用的细分维度呢？其实并没有普遍规律可循，但有一个基本原则，即要么这种细分是消费者的固有认知，要么这种细分要符合消费者对此品类的细分逻辑。

消费者的固有认知容易理解，如浙江纳爱斯集团曾经推出一个“牙膏分男女”的定位。在消费者的认知中，牙膏分早晚是固有认知，但牙膏分男女就比较奇怪，也真的没有这种认知；如果要强加给消费者就违背了定位的基本原则。

另外，对于不同品类，消费者的细分逻辑是不一样的。如“牙膏分男女”的细分逻辑是从性别的角度对牙膏进行细分，显然从消费者对牙膏的使用习惯和对牙膏的认知来说，并不存在这么一种逻辑。但对于服装品类来讲，按性别来进行划分是符合消费者对服装品类的认知和使用习惯的，如海澜之家提出的“男人的衣柜”，七匹狼提出的“男人的另一面”就是很好的细分定位。

由此可见，品类特性与消费者的细分逻辑是紧密相关的，这与消费者对这个品类的认知模式、认知程度、使用习惯都有关。那么当我们接触一个品类的时候，应该怎样去判断哪些是消费者的固有认知，以及消费者对这个品类的细分逻辑是什么呢？唯一的方法是做消费者研究。当然，过去的经验可以参考；但市场发展是动态的，消费者的认知也是动态的，结合时境做消费者研究是获取答案的最佳、最准确的途径，尤其是对于我们从来没接触过的品类更是这样。切忌凭策划人员或企业人员的个人感觉或有限范围的内部讨论来贸然做判断，切记实践是检验真理的唯一标准。

二、确定目标市场

选择要进入的一个或多个细分市场。在做市场聚焦之前，营销人员必须清晰知道以下几点。

（1）市场细分以及每个细分市场的消费者类型。

（2）每个细分市场有机会达到的市场规模。

（3）存在的竞争。

（4）自己产品的优势。

根据对以上几点的分析，选择品牌的目标市场。选择目标市场一般有三种策略。

（1）无差别性市场策略。把整个市场作为目标市场，只考虑市场需求的共性，不考虑差异性。用一种产品，甚至一种价格或一种营销方法，获取尽可能多的消费者。

（2）差别性市场策略。把整个市场细分为不同的子市场，设计不同的产品，制定不同的营销策略，满足不同的消费需求。

（3）集中性市场策略。在细分后的市场上选择两个或少数几个子市场作为目标市场，实行专业化生产和销售。

三、市场定位

在目标市场顾客群中形成一个印象，这个印象即为定位。定位意味着要在消费者的心智资源中占取一席之地，通常用于定位的因素有以下几个产品属性。

1. 产品属性

包括品类属性、技术（工艺、专利）属性、配方（成分、材料）属性、历史属性，示例如图 7-18 所示。

- 盖中盖：蓝瓶钙，液体钙。属于“液体钙”的品类细分，同时注入产品的明显标志——蓝瓶，试图将产品与细分品类直接划等号。
- 特仑苏：不是每一种牛奶都叫特仑苏。试图突出其高蛋白质含量等的高端产品的特性。
- 百雀羚：百年草本护肤。突出细分品类属性和历史悠久的属性。

图 7-18　盖中盖、特仑苏、百雀羚品牌宣传图

2. 产品特性或消费者需求 / 利益点

通常是产品功能，消费者物质利益点或情感利益点，示例如图 7-19 所示。

- 黑人牙膏：清新口气。
- 王老吉：怕上火喝王老吉。

图 7-19　黑人牙膏、王老吉品牌宣传图

3. 使用场合

分为时间场合、地点场合、情景场合，示例如图 7-20 所示。

- 香雪抗病毒口服液：感冒，喝香雪抗病毒口服液。感冒刚起来的时候就喝香雪抗病毒口服液，典型的使用情景场合定位。
- 白加黑：白天吃白片，不瞌睡；晚上吃黑片，睡得香。时间场合定位，既符合消费者认知，又高度贴合品牌名称。
- 人头马 XO：人头马一开，好事自然来。把人头马 XO 与欢庆的场合紧紧联系起来，使消费者在欢庆好事发生的时候第一时间就联想到人头马 XO，这也是一种典型的使用场合的定位。

图 7-20 香雪、白加黑、人头马 XO 产品推广图

4. 使用者区分

典型示例如图 7-21 所示。

- 飞鹤奶粉：更适合中国宝宝的配方奶粉。
- 朗迪钙：适合中国人的钙。
- 小葵花：儿童要用儿童药。
- 海澜之家：男人的衣柜。

图 7-21　飞鹤奶粉、朗迪钙、小葵花、海澜之家品牌推广图

以上都是专门针对特定人群，将品牌与使用人群直接划等号的定位。

5. 针对竞争

在产品功能或消费者利益体验上比竞品更好，或采用比附策略，以各种方法和同行中的知名品牌建立一种内在联系，使自己的品牌迅速进入消费者的心智，占领一个牢固的位置。比附定位，即通过与竞争品牌的比较来确定自身市场地位的一种定位策略，也叫比附策略。其实质是一种借势定位或反应式定位。借竞争者之势，衬托自身的品牌形象。

在比附定位中，参照对象的选择是一个重要问题。一般来说，只有与知名度、美誉度高的品牌作比较，才能借势抬高自己的身价（见图 7-22 和图 7-23）。如：百威啤酒宣称是“全世界最大，最有名的美国啤酒”，即与其他的竞争品牌比，宣称自己是世界上规模最大，知名度最高的啤酒品牌。

图 7-22　百威、宁城老窖产品推广图

图 7-23　Saucony、青花郎产品推广图

还有一种做法是不一定宣称自己是第一，可能事实上也做不到第一，但可以说某些方面自己比别人“更高、更快、更强、更好”，如：内蒙古的宁城老窖，宣称是“宁城老窖—塞外茅台”，比附茅台，暗喻自己是塞外最好的白酒。先做区域（或品类或人群）细分，再做比附，这种先细分再比附的方法适合很多品牌。如：“运动鞋中的劳斯莱斯（Saucony 索康尼）”。“青花郎，中国两大酱香型白酒之一”。全面比附同品类中的领导品牌，欲与领导品牌争天下。“张默闻，中国营销策划第二”，甘居第二，就是明确承认同类产品或服务中另有最负盛名的品牌，自己只不过是第二而已。“认第二”也是一种常见的比附策略。

蒙牛乳业也是比附定位的受益者。在刚启动市场时，蒙牛只有1300 多万元的资金，名列中国乳业的第 1116 位，与乳业“老大”伊利根本不可同日而语。但蒙牛却提出了“为民族争气、向伊利学习”“争创内蒙乳业第二品牌”“千里草原腾起伊利集团、蒙牛乳业——我们为内蒙古喝彩”等广告口号，并将这些口号印在产品包装上（见图 7-24）。这些广告看似是对伊利的赞赏，实际上同时也把蒙牛和伊利放在了并驾齐驱的位置，在消费者心里留下深刻印象。如今，蒙牛就真的是与伊利并驾齐驱的乳业品牌。

图 7-24　蒙牛、伊利产品对比图

采取比附策略做定位，一般有两种情况：一是非领导品牌以同品类的领导品牌做比附，同时以地域、人群、历史等因素做区隔。上面提到的宁城老窖、张默闻两个品牌，是以地域做区隔来与同品类（同行业内的）的领导品牌（或强势品牌）做比附。而青花郎、蒙牛的做法是试图与同品类的领导品牌并驾齐驱的方式做比附。二是与其他品类的领导品牌或强势品牌做比附，同时品类的差异就是两者之间的区隔，试图以被比附者在其行业内的地位和影响力来彰显比附者在其所在的品类里的地位和影响力。上述的 Saucony 运动鞋就属于此类。

6. 区别对手

新概念、新类别强行区隔。这与比附定位策略不一样的是虽然把自己与领导品牌相提并论，但更多的是强调自己与领导品牌的不同点，甚至是相反的一面，通过强行定位领导品牌的方法让自己迅速占据此定位的另一面。典型示例如图 7-25 和图 7-26 所示。

- 美国的七喜汽水，宣称自己是“非可乐”型饮料，与当时盛行的可乐型饮料做区隔，通过建立新类别的方式抢夺非可乐型饮料的消费者心智，从而成为美国第三大软性饮料。
- 百事可乐：新一代的选择。就是强行将领导品牌可口可乐定位为“老一代人的选择”从而抢占年轻人的心智（见图 7-25）。

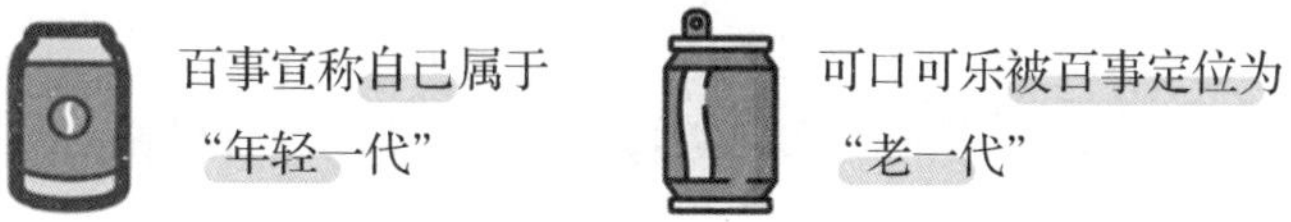

图 7-25　百事可乐、可口可乐定位对比图

- 汇仁肾宝片：把肾透支的补回来。其实也是在运用区隔定位的策略。当时市场上的绝大多数补肾产品强调的都是“事前补”的概念，“补好了才能如何如何”“肾好什么什么才好”等，包括汇仁药业自己的产品——汇仁肾宝合剂。推出肾宝片后，汇仁药业采用了“事后补”的概念，短短两年时间，年销量就超过了肾宝合剂最鼎盛时期的销量，达到十五亿元。
- 江中健胃消食片：日常助消化。江中健胃消食片研究了竞争对手吗丁啉的强势所在——强效胃药“针对胃动力”，同时找到了其强势中相伴而生的弊端——重度用药，副作用大。针对竞争对手的弱点建立了江中健胃消食片自己独一无二的定位——“日常助消化用药”。“重症消化道用药”与“轻度日常助消化”形成了明显区隔。

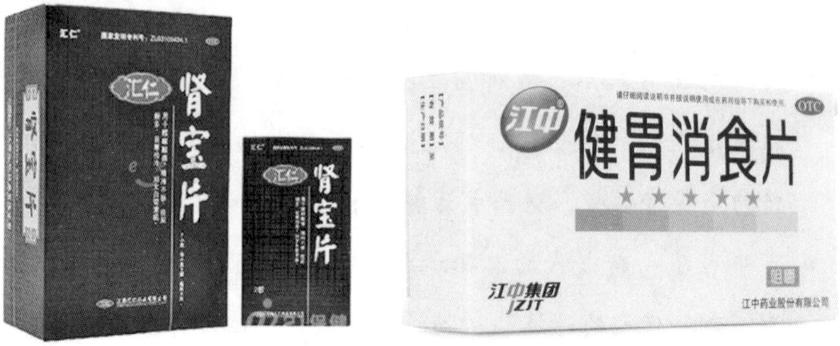

图 7-26　汇仁、江中主打产品宣传图

这种通过提出新概念、新类别而与竞争对手做区隔的做法与前文提到的通过品类细分来做定位的方法有相似的地方，都是找出某种特性来与竞品做区隔，各自占据某个特性的心智。不同的是，在品类细分方法中，用以细分的这个“特性”必须具备品类的特征，也必须要符合消费者划分品类的认知规律，如江中牌健胃消食片用以做品类细分的“重症—轻症”的特性，汇仁牌肾宝片用以做品类细分的“事先补—事后补”的特性等。而提出新概念或新类别从而做区隔的方法，其提出的“新概念”“新类别”可以具备品类细分的特性，也可以不具备此特性，只要能够与竞争对手做区隔，符合消费者的一般认知规律（而不是品类细分的认知规律）即可。如百事可乐用以与可口可乐做区隔的新特性是“新一代—老一代”，是属于品牌形象层面的特性，而不是品类属性层面的特性；实际上也确实不能将“新一代—老一代”作为品类特性去对可乐品类做细分，这不符合消费者对可乐品类细分的固有认知，“含糖—不含糖”这个特性则是能够作为可乐品类的细分特性的。由此可见，区隔定位法虽然与品类细分定位法在方法论上有类似的地方，但也有非常明确的区别，其适用性更广。

任何主张、任何优势都有其相对的一面，善于结合自己品牌的特点，找到更适合的对立面，从而形成自己的区隔定位，是常见的定位法。

综上所述，比附定位法、区隔定位法、细分定位法（人群细分、场景细分、需求细分、产品属性细分等）从大的层面来讲都是先做细分后做定位，都是STP方法论在操作层面的体现。

第四节 灯塔模型法

一、什么是灯塔模型

灯塔模型如图 7-27 所示。

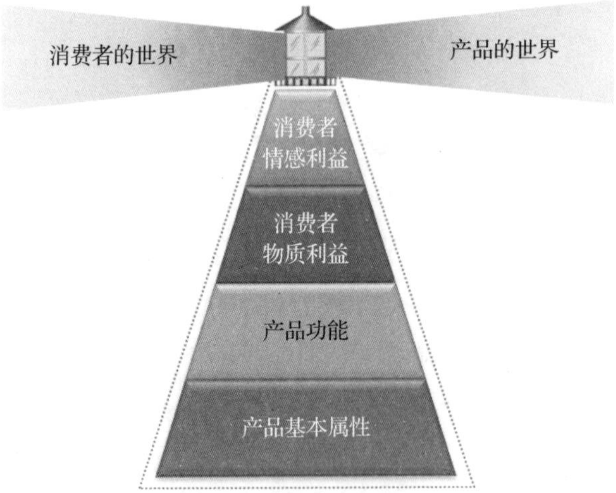

图 7-27 灯塔模型

通过右边的产品世界来对应左边的消费者世界，把产品属性的每一层与消费者需求的每一层对应，可以找出产品在哪一层最能解决消费者的问题，或者最容易与同类产品拉开距离。中间的基座是品牌属性递进分解层，最顶端是“价值主张”，往下依次是“情感利益”“物质利益”“产品功能”“产品基本属性”。由底层到顶层共五个层级。需要注意的是，不是说下面的属性不好而上面的属性好，也不是说越往上越高级，这种由下而上的划分仅仅是按照由表及里的逻辑顺序的分解而已，这五个层级都有可能成为定位点。另外，由于由下往上是由表及里的顺序，越是内心的、价值观层面的东西就越能引起消费者的共鸣，与消费者的联系纽带也会越牢靠。

这个通过“消费者的世界”与“产品的世界”做比对的方法，通常也用来寻找产品的卖点。但产品的卖点与产品的定位是两个不同的概念，卖点是产品定位之下的卖点，卖点是对定位的说明、强化或识别，不能简单地把卖点当成定位。如“农夫山泉有点甜”其实是个卖点，是从口感这个产品的基本属性上寻找的卖点，“高品质天然山泉水”才是农夫山泉的定位。口感是水质最有力、最直接的感官证明，通过“有点甜”这个口感来构建消费者心理差异化的联想：有点甜——山涧泉水——高品质天然山泉水。所以，“有点甜”这个卖点其实是对“高品质天然山泉水”这个定位的说明或者说是识别。

用灯塔模型做定位需经历三个步骤。

（1）3C 分析。充分分析消费者、品牌本身及竞争品牌，这是做定位的基础。关于如何做 3C 分析，前面章节已有详细叙述。

（2）交叉分析（见图 7-28）。在 3C 分析的基础上，按照灯塔模型基座的五个维度将消费者、本品、竞品放在一起做交叉分析，把本品与消费者需求最吻合的，同时又与竞品最具差异化的点找出来。从消费者分析中找到消费者未被很好地满足的需求；再从竞争分析中找到竞争品牌相对强的优势是什么，其未能很好地满足消费者的哪些需求；最后从本品分析中找到自己的产品力所在，以及在哪些方面能更好地匹配以上两点的需求。

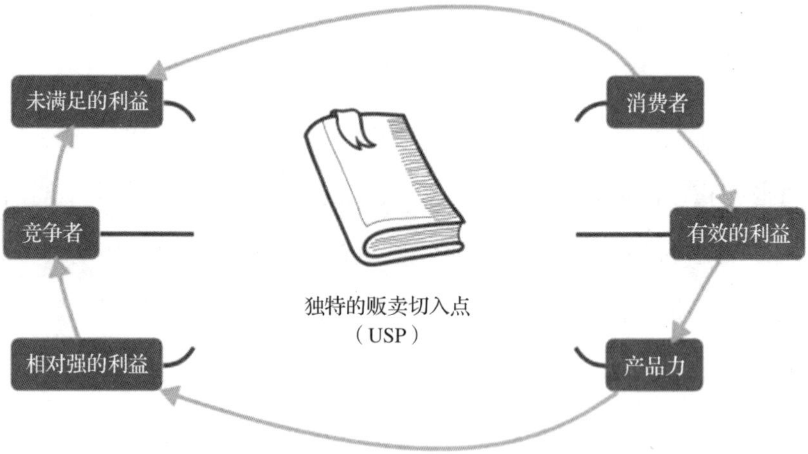

图 7-28　交叉分析示意图

（3）确定定位。在交叉分析时，有可能会找到不止一个这样的点，需要结合市场环境、市场发展阶段及企业实际情况来综合考量，最终确定一个定位点。

灯塔模型基座中的五个维度都可能是一个独特的切入点，每个维度都做一下以上的循环，最终会发现最适合的定位点。

关于最顶层的价值主张，除了会用到上面的循环验证方法外，还会用到一种叫做“品牌大理想”的方法。其主要目的是构建一个事物最完美的境界，一句公式为“ ××× 品牌相信：如果……，世界会更美好”。例如：

- 可口可乐相信：如果人们看到的瓶子都是半满的，而非半空的，世界更美好。
- 多芬相信：如果女性充满自信，世界更美好。
- 奥美相信：如果我们能发挥每个品牌、每个企业以及每一个人内蕴的恢弘，世界会更美好。

这只是提出品牌价值主张的方法之一。

二、灯塔模型法定位实例

我们从太极藿香正气液的定位过程看看是如何运用灯塔模型来做定位的。

太极藿香正气液是个老品种，虽然是品类里的绝对领导品牌，市场份额超过 50%，但年销售额达到十亿后就一直徘徊不前，甚至还出现下滑迹象。对于这样一个“高位再出发”的老品种，应如何实现突破？我们首先从定位上进行思考。

（一）做消费者分析

消费者对这个品类的基本属性是很了解的，有水剂、口服液、胶囊剂、滴丸剂等；有含酒精的和很多不含酒精的；技术和配方也都是各有特色，但消费者对这块并不太关注。在产品基本属性这块，关注最多的是含不含酒精及产品价格，因为不同的人群对其适应性是不一样的。但市场上除了含酒精的水剂产品外，其他的都是不含酒精的产品，从这点上来说，找不到消费者未被满足的需求。

消费者对品类的产品功能及物质利益体验认知上，“防暑解暑”的认知要远高于“肠胃不适”和“肠胃型感冒”。虽然这个品类的产品都同时具备这三项功能，但由于推广原因，导致了消费者对其认知的不一致。认知大于现实，因此，从这点上来讲，后两项功能可能是这个品类未能很好地满足的消费者的需求；但这两点需求，消费者能轻而易举地找到其他品类来满足，其效果还好于藿香正气品类。因此，从产品功能及消费者利益体验层面上讲，也找不到消费者未被很好满足的需求。

在情感利益及价值主张层面，从调研的结果看，消费者未曾在这个品类上获得过任何关于情感或价值主张的体验，这也与此品类长期以来都在做功能宣传有关。虽然偶尔有些线下推广会涉及情感主张，但几乎没有在消费者心智中留下任何印象。从这个层面上来讲，品类的情感诉求或价值主张是消费者未被满足的需求。我们在消费者调研中，也有意地进行了一些这方面的测试，对我们假设的一些情感或价值主张，消费者的认可度非常高，这就是机会。

（二）做竞争分析

在产品基本属性上，口服液剂型是太极集团的独家剂型。由于剂型的优势，“不含酒精，开车也能喝”“吸收更好、起效更快”成为品牌的相对具竞争力的卖点。但“不含酒精”只是相对于水剂产品而言具备优势，其他很多同类的胶囊剂、滴丸剂产品都是不含酒精的。从消费者分析中也得知，“不含酒精”并不是消费者未被很好满足的需求。

从产品功能和消费者物质利益体验层面分析，几乎找不到别的竞争品牌满足不了而唯独太极品牌能满足的消费者需求，只能在效果的程度上再行思考。我们发现，由于剂型的优势，“吸收更好、起效更快”是太极品牌与其他品牌在消费者利益体验上最大的区隔点。再往回看看消费者对“吸收更好、起效更快”是否有需求，答案是肯定的；因为对药品而言，这点是消费者的共同需求，不因品类不同而有差别。因此，“吸收更好、起效更快”是可能的一个定位点。

从消费者情感体验及价值主张层面上分析，包括领导品牌太极在内，从来没有一个品牌在这方面做过推广，消费者在这方面的心智认知是存在的（通过上面提到的测试就已充分证实），但并没有品牌去占领。因此，情感诉求或提出价值主张是可能的又一定位点。

（三）做品牌本身分析

从产品基本属性上讲，最大的优势是口服液剂型，不含酒精，其次是千年古方。但对于千年古方，消费者的需求不明显，因为消费者对药品的最基本需求是安全、有效，并不关心是否古方。关于剂型优势，前面已分析过，只是一个相对好的卖点，但不具备独占性。

从产品功能及消费者物质利益体验层面分析，“吸收更好、起效更快”是品牌的独特优势，也是消费者未被很好满足的需求，再次肯定了“吸收更好、起效更快”是可能的定位点。

从情感利益体验及价值主张层面上分析，若品牌能在这方面有所动作，毫无疑问将具有独占优势又能很好地满足消费者未被满足的需求。

（四）再次进行交叉分析

其实在单独做消费者分析、竞争分析及本品分析的时候，都在有意地进行三个方面的交叉分析，以寻找可能的定位机会点。在这步主要是再次复盘，看看同时着眼于三个要素时，是否有新的发现。综上所述，完成了这步，对太极藿香正气液而言，可能的定位机会点在两个方面：一是消费者物质利益体验层面的“吸收更好、起效更快”；二是情感诉求或价值主张。

（五）最后做定位取舍

最后的定位取舍需结合当时的市场环境、企业的战略意图等因素综合判断。以下三个因素促使我们最终选择了情感诉求及价值主张的方式。

（1）国家相关行政机构对药品广告的审核越来越规范，新规定也越来越多，这是整个行业的大趋势。“吸收更好、起效更快”虽然可作为定位点，但存在着“与其他品牌进行对比”的法规风险。虽然我们也可以通过创意的方式加以规避，但可能效果并不一定好，也不一定能走得更远。对于国内医药工业企业 500 强的太极集团来说，规范化运作、走得更远显得更重要。

（2）太极藿香正气液已是品类的绝对领导品牌，领导品牌就要承担品类教育或扩大品类的责任：只有把品类做大了，领导品牌的收益才是最大的。而通过抢占竞争对手的份额来做大自己只能是权宜之计，对于领导品牌而言绝不能局限于此。“吸收更好、起效更快”更多的是出于竞争考虑，抢夺竞争对手的份额的做法。

（3）太极集团对太极藿香正气液的战略目标是“百亿藿香”，即要把太极的藿香品类做成百亿规模的大品类。而目前的品类规模距离百亿规模还相差甚远，只有站在更高的层面来拔高品牌、做大品类才有可能实现“百亿藿香”的战略目标。

最后，我们提出了“站在品类价值制高点，重新制定品类价值内核”的观点，并建议太极藿香正气液要抢占“正气”全新价值定位，开辟品类新赛道。“有正气，无畏惧”的情感诉求，“一身正气，平安四季”的价值主张和“要正气，选太极”的广告语应运而生。

三、品牌定位三角形

灯塔模型法是目前实践中比较常用的方法，其中的逻辑方法论被很多营销人和专业公司认可，但各自的表述方式或许会有差别。如有些企业将其叫作“品牌定位三角形”，如图 7-29 至图 7-31 所示。

品牌定位三角形的原理与上面所述的灯塔模型的三个步骤是一致的。

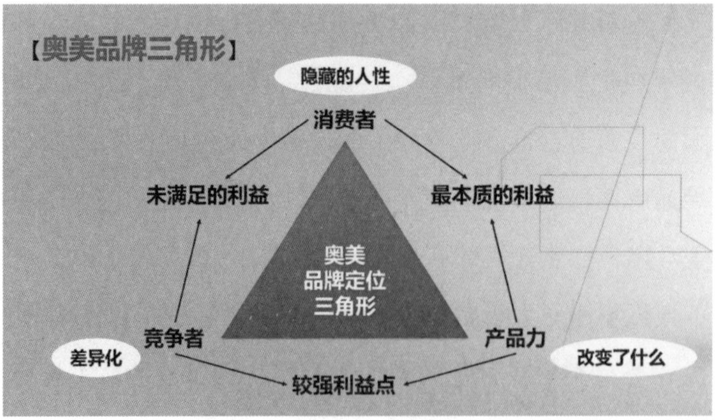

图 7-29 奥美品牌定位三角形

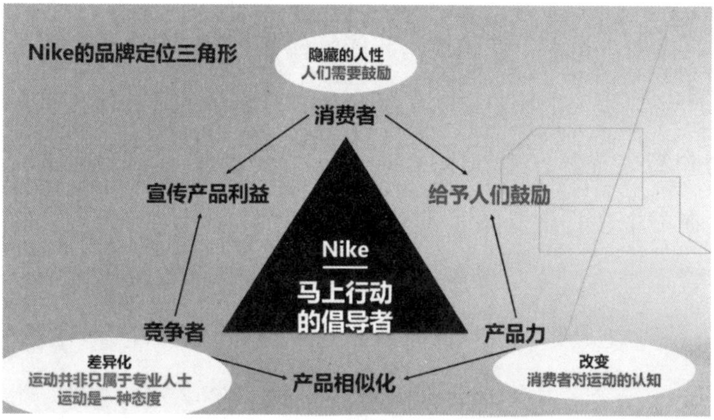

图 7-30　Nike 品牌定位三角形

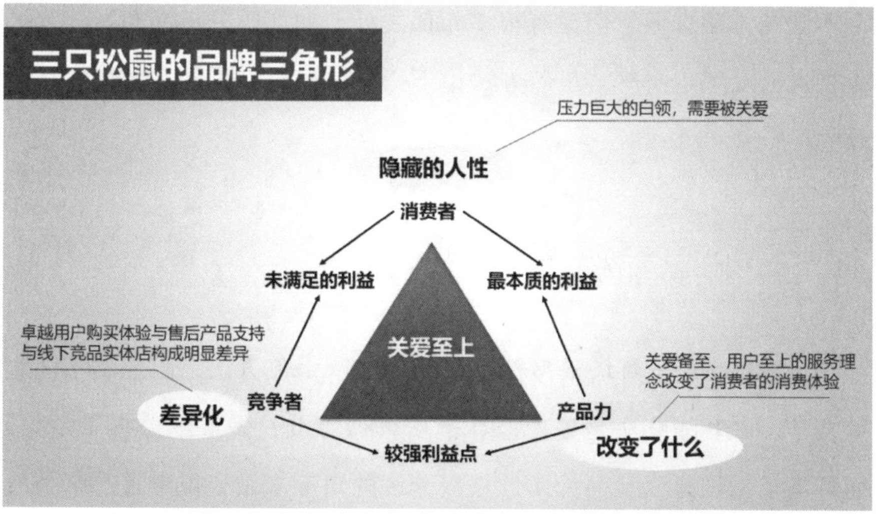

图 7-31　三只松鼠品牌定位三角形

原台北奥美广告副董事长兼策略长叶明桂先生，业界称为“广告鬼才”，从 20 世纪 80 年代开始入行，从业 30 多年，收获了诸多称赞和名誉。叶先生对品牌定位有其独特的见解，在其著作《品牌的技术和艺术》一书中有详细论述。在书中叶先生指出："定位就是搞清楚三个问题：目标用户是谁？我是谁？我能给你什么？""定位可以划分为三个维度：产品定位、市场定位、传播定位。""定位的三个维度都可以使用相同的句型来描述：对 ××× 人而言，我是 ×××，给你 ×××。"叶先生在书中还详细介绍了其独创的"叶明桂定位三角形"的定位工具，不管是产品定位、市场定位还是传播定位，都可以用一个三角形来分析，每个三角形的三个角都分别是"对谁""我是""给你"，但含义不一样。三个三角形结合在一起也称为"3×3 定位模型"。需要注意的是，叶先生虽然也是用三角形做定位工具，但跟上面描述的灯塔模型法中的三角形是完全不同的含义，因此从方法论上来讲，属于两个不同的方法。但它们也有很多相似之处，如都要分析消费者，都要分析自己品牌本身等。虽然方法论不一样，但对定位的本质把握是一致的。

叶先生的"3×3 定位模型"如图 7-32 所示。

STP 战略法与灯塔模型都是常用的品牌定位方法，两者的不同之处在于：STP 战略法是先把潜在消费群做细分，做过细分再做定位；而灯塔模型则是先从品牌属性层级分解的角度来做定位考量，结合竞争状况直接做出定位来。

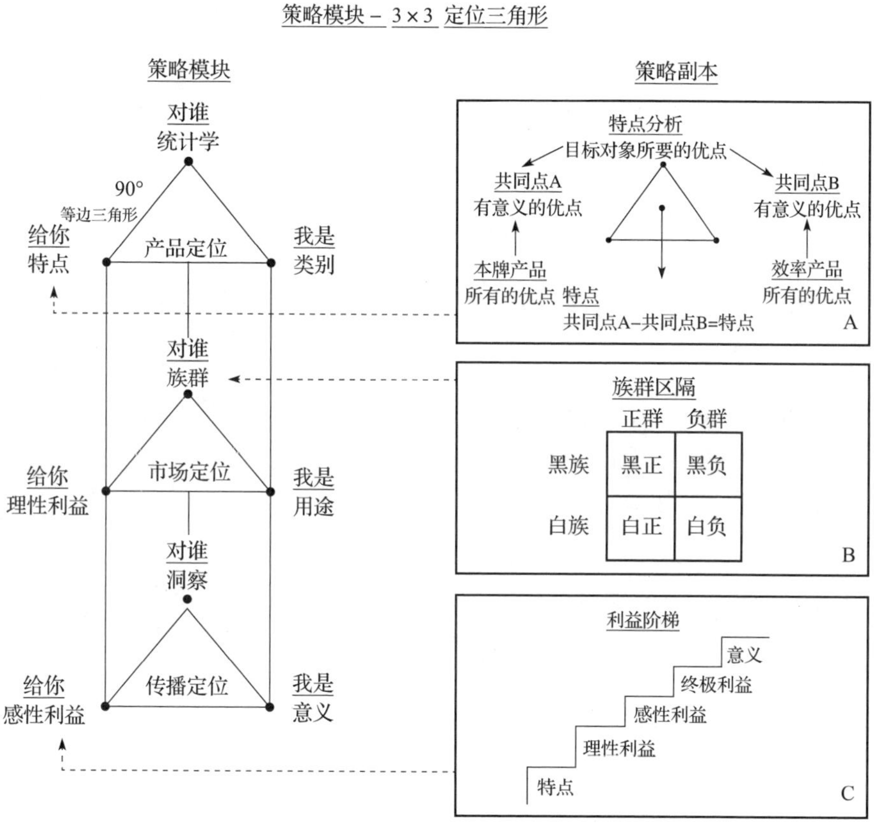

图 7-32　3×3 定位模型图

第八章

CHAPTER 8

品牌价值体系规划

第一节　品牌资产

品牌定位的根本目的是抢占消费者心智，完成定位只是抢占消费者心智的开始，只有把定位成功地植入消费者心智中，而不是只停留在企业的规划之中，才算达成定位目的。为此，在完成了品牌定位后，要围绕这个定位进行品牌价值体系构筑，其目的是通过各个维度丰富品牌印象，使之立体化，利于辨识。品牌的价值体系是品牌资产的重要组成部分，所以，习惯上也把品牌价值体系构筑俗称为品牌资产构筑。那到底什么是品牌资产？品牌资产都有哪些内容？如何去构筑这些品牌资产呢？下面展开叙述。

品牌资产这一概念诞生于20世纪80年代，品牌不再被简单地看作一个标识、一个符号，而是被看作是资产。对于品牌资产的定义，可分为两大类：一类是从企业的视角定义品牌资产；另一类是从顾客的角度定义品牌资产。从企业角度看，品牌资产主要从其为企业所增加的财务收益、竞争优势和市场扩张能力等方面来定义和评价。对此，美国营销科学院的定义是，有品牌资产的企业可以获得比在没有的条件下更多的销售额和利润，同时赋予超越竞争者强大、持久和差异化的竞争优势，其本质是持续的销售额和利润。从顾客的角度来定义品牌资产，则品牌资产从本质上是“顾客头脑中已有的品牌认知，导致顾客对品牌营销活动的差异化反应。这种差异化反应的程度也就反应了品牌资产的质量以及品牌营销活动的质量”。从品牌的本质上讲，只有从顾客角度来定义品牌，品牌才有意义，也才能形成品牌资产。

因此，品牌是同时具有顾客价值和企业价值的，但企业价值来自于顾客价值，顾客价值才是品牌资产真正的价值所在。

要使品牌形成为品牌资产，就需要通过营销手段把品牌根植于消费者的大脑中。这就需要围绕品牌定位来构筑一系列能让消费者认知品牌定位的相关的品牌内涵，这些品牌内涵的构筑过程，我们称之为品牌资产的构筑过程。常见的品牌内涵如图 8-1 所示。

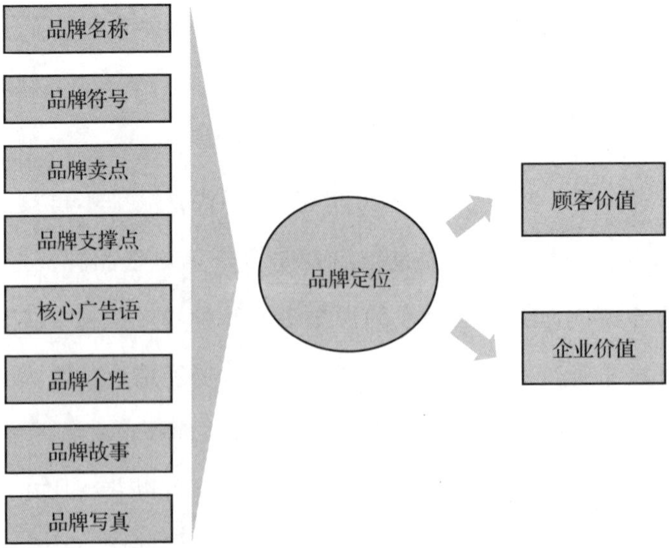

图 8-1　品牌资产构筑示意图

上图左边是常见的品牌资产构筑的八个方面的内容。通常人们会把品牌定位也视为品牌价值体系的一部分，但由于品牌定位是其他品牌价值结构的基础，也有其丰富而独特的方法论，所以下一节对品牌定位进行单独论述。

第二节　品牌定位

一、品牌名称

品牌名称也是品牌价值体系的一部分，好的品牌名称本身就可以很好地传达品牌定位内涵，或直接表达品牌的品类归属或价值主张，快速加深消费者对品牌的认知。如：李宁，借助大众对著名体操运动员李宁的认知，“李宁”这个品牌直接传达给消费者的是运动属性、冠军属性，节省了不少的推广成本。又如：克咳，一看品牌名就知道是治疗咳嗽的产品，非常直接。类似的还有很多，如：洁柔纸巾、立白洗衣粉、冷酸灵牙膏等。

实践中大多是先有品牌名称才做定位，也有的是先做完定位才想名称。如：神冠集团的胶原蛋白脆片（见图 8-2）。

神冠控股（集团）有限公司是一家在香港证券交易所上市的企业，主要从事制造及销售食用胶原蛋白肠衣产品，具有 30 多年的研发和生产胶原蛋白肠衣的历史，并以大健康产业作为发展重点，研究胶原蛋白技术在新领域的应用。其推出的胶原蛋白脆片产品属于休闲零食品类，从产品定位到整个品牌的价值体系构筑都交由专业公司执行，是一个典型的先做定位再想品牌名称的案例。

图 8-2　美哒胶原蛋白脆片宣传图

通过分析，专业公司最终给产品的定位是：给每一个爱美人士的零食。品类定位是零食，但市场上膨化类零食行业的共性诉求是“享乐”。为了建立差异化，根据产品特点，以胶原蛋白为突破口，建立起“给你美丽”的功能定位，借此构筑品牌与市场上其他零食产品的区隔点。根据定位构筑的品牌价值主张是“做一个美丽的吃货”，品牌个性是时尚、开心。至此，品牌轮廓已然清晰，下一步就是给品牌起个名字了。最后，专业公司根据品牌定位在许多个备选名称中选择了现在的“美哒”，广告语“美哒，美美哒”自然而然地跃然纸上。

好的品牌名称自己会说话，能传达品牌的某些内涵，其本身就是一个很好的广告。美哒胶原蛋白脆片，从品牌定位到品牌资产都离不开一个“美”字，“美哒”这个品牌名也就很好地传达了品牌内涵。

我多年前操盘的一个补肾强身片产品，也是从产品命名开始做的，其命名的过程与美哒很相似，即先做定位和品牌资产构筑，后做产品命名。当时的定位是基于与品类领导产品“六味地黄丸”补肾阴虚做区隔的考虑，提出“给中年男性的补肾阳虚的产品”，并希望成为补肾阳虚的领导产品，与“六味地黄丸”一起共分补肾市场。最终给公司产品起的名称是“领头阳”。此名称显著地增强了产品的溢价能力，在同类产品多达几十个，并都是几块钱到十几块钱定价的情况下，领头阳牌补肾强身片定价 49 元 / 盒，几倍于同类产品。配合着强有力的推广，第一年即在广东和重庆两个试点市场实现过亿销售。

二、品牌符号

品牌符号是区别产品或服务的基本手段，包括名称、标识（LOGO）、基本色、口号、声音、象征物、代言人、包装等。这些识别元素中的一个或多个形成一个有机结构，称为品牌符号。品牌符号可以是一个或多个，有多个时必须有一个是作为重点推广的核心符号（或叫超级符号）。品牌符号化，是与消费者沟通的最简单直接的方式。行业内有专业公司提出“超级符号就是超级创意”，受到业界的广泛认同。优秀的品牌符号同样可以直接传达品牌内涵，或成为品牌标志性的标识，让消费者一看到或听到符号就直接联想到品牌及品牌背后的内涵。

大企业的品牌符号是一个体系。如英特尔（Intel）公司，除了品牌 LOGO 外，专门创建了声音符号，还注册了声音商标。每条广告片后面的那四声音符声就很鲜明地代表了英特尔，消费者就算不看其广告画面，仅听这四个音符声就知道是英特尔。这个经典的声音早在20世纪90年代的第一代奔腾（586电脑）产品上就出现了，并沿用至今。英特尔处理器的声音就代表了英特尔的独特形象，简单的声音给人们留下了深刻的印象。

由品牌声音符号引申出品牌声音设计、品牌声音符号营销等话题。

品牌声音符号（Branding Voice），是目前各大主流品牌都在使用的营销手段，是品牌体验、情感深化的重要的品牌建设体系之一。

品牌声音设计，有动感、有铿锵、有欢快、有诙谐……不同的音调情绪，不同的情感张力，通过情感魔力，让品牌能快速植入消费者心智中，使品牌形象有更加立体的真实感。除上面提到的英特尔外，还有不少品牌都设计了自己的Branding Voice，如：

Colgate（高露洁，见图8-3）：乐观一直是高露洁的品牌核心价值，多年来从未离开过品牌宣传活动的视线，高露洁品牌的第一个声音LOGO设计也是以乐观为核心的。有劲的节拍、明亮的声音和令人惊讶的时刻，都是这支声音的重要元素。声音混合了男声和女声，以"哼唱声"为主，听起来自然又亲切。有人认为，哼唱是享受的表达，是人类表达幸福的一种方式。此次高露洁的声音LOGO与其"乐观"的态度高度契合，以独特的方式代表着"乐观"的本质，再加上品牌标识中的"微笑"，可谓将"乐观"这一价值展现得淋漓尽致。

图 8-3　高露洁品牌标识

京东（见图 8-4）：作为中国一个具有重要影响力的综合网络零售商，京东营销可谓是全渠道铺满，强势进军各大领域。除了红白色调的主 LOGO，京东的品牌声音也十分具有识别性，不管在哪听到“京东～”，都能让人马上反应出品牌属性。轻快灵动的旋律，简单的声音，更具有穿透力，也让消费者能马上就记住。

图 8-4　京东品牌标识

品牌声音，是一种加强与消费者情感链接的有效方法，声音如果运用得巧妙，可以发挥出令你意想不到的作用，为品牌创造出更强的识别度。一个好的品牌声音，应该是独特的、难忘的、灵活的，能让人产生联想的，能丰富品牌认知的，能流传成经典的。

我国 2014 年新实施的商标法中，将声音纳入可申请注册商标的范围之内，商标法第八条规定：“任何能够将自然人、法人或者其他组织的商品与他人的商品区别开的标志，包括文字、图形、字母、数字、三维标志、颜色组合和声音等，以及上述要素的组合，均可以作为商标申请注册。”为声音注册为商标提供了法律基础。这些要素的单个或组合都可以成为品牌符号。

贵州益佰药业的止咳品类的品牌符号是“克咳”品牌、“KEKE”标识及“克~咳~”的声音组合（见图 8-5）。

图 8-5　益佰药业止咳品类品牌标识

浙江纳爱斯公司雕牌的品牌符号主要是一只飞翔的雕，阶段性的使用一个卡通动物“雕兄”，如图 8-6 所示。

图 8-6　雕牌品牌标识

李宁的品牌符号是字母 L+N 组合后的图形化，联通 5G 的品牌符号是一个表达“无限可能”的 5G 图形和广告语“让未来生长”的组合（见图 8-7）。

图 8-7　李宁、联通 5G 品牌标识

耐克的品牌符号是个体系，包括图形、颜色、广告语及其组合（见图 8-8）。

JUST DO IT.

NIKE

图 8-8　耐克品牌标识

我们为太极藿香正气口服液创作的品牌符号是“yeah”手势，并广泛使用于TVC、海报及公关活动中（见图8-9）。

图8-9　藿香正气口服液宣传海报

品牌符号是一个有机结构，或称为一个体系，包括品牌商标名、标识（LOGO）、吉祥物、声音、颜色、字体及某个记忆符号等，但不仅限于这些内容。品牌用于区隔其他品牌的具识别性的、差异化的、符号化的能被感知的标识，都可统称为品牌符号。

我们常说的品牌 LOGO 通常是指品牌的平面视觉符号，是品牌符号体系中最常见的一个。优秀的品牌 LOGO 一般都有以下共同特征。

第一，传达品牌理念。如传达品牌的价值主张，彰显品牌个性，暗喻品牌功能等。亚宝药业集团的 LOGO（见图 8-10）在“亚”字背景下，一个心形图案，又很像两只手做出的呵护状，很好地传递出“用心呵护”的品牌理念。

图 8-10　亚宝药业集团 LOGO

第二，体现行业属性，让人一眼就看出这是什么行业的品牌，如德国拜耳医药的品牌 LOGO（见图 8-11），用横排和竖排的 BAYER 英文单词组成一个“十”字，让人很容易联想到医药行业。

图 8-11　拜耳医药品牌 LOGO

第三，具有识别性，简单易记。华润三九的品牌 LOGO，葵花药业的品牌 LOGO（见图 8-12）均比较直观，识别性强，也很简单易记。

图 8-12　三九、葵花品牌 LOGO

第四，具有一定的艺术美感。每一个 LOGO 都应是一个艺术作品。示例如图 8-13 所示。

图 8-13　康恩贝、东阿阿胶品牌 LOGO

第五，具有延展性，能适用于不同的场合。

在实际中，一个品牌 LOGO 很难同时满足上述 5 点要求，其中第 3 点到第 5 点是每个品牌 LOGO 都必须努力做到的；但第 1 点和第 2 点要求未必都能兼顾，主要看企业对 LOGO 设计的侧重点，所以这两点也只能作为非必须项。

品牌 LOGO 也不是一成不变的，很多企业会随着企业业务的调整或基于品牌刷新的要求，或根据消费者的认知情况以及社会的发展，对品牌 LOGO 进行形象升级。近年来各国各行业各企业的品牌 LOGO 焕新情况有如下趋势。

第一，扁平化。由过去的立体图形变为平面图形。如大众汽车（见图 8-14）。

图 8-14　大众汽车新旧 LOGO 对比

第二，简单化。由繁杂变简单，由图形 + 文字变只留图形。如万事达卡就是由图形 + 文字变成只留图形（见图 8-15），英国电信的 LOGO 就减掉了一半的元素（见图 8-16）。

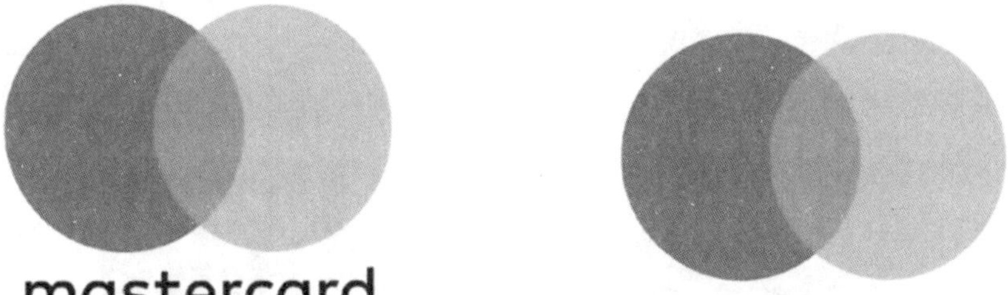

图 8-15　万事达卡新旧 LOGO 对比

图 8-16　英国电信新旧 LOGO 对比

第三，数字化。在数字化的时代，品牌 LOGO 也要随着传播载体的数字化和动态化做出调整。如 WPP 集团的品牌 LOGO（见图 8-17）。

图 8-17　WPP 集团新旧 LOGO 对比

第四，稳健化。在动荡的经济环境中，有些品牌希望给消费者更可靠的品牌形象，或希望回归本真，于是对 LOGO 进行朴实化和稳健化的焕新。如必胜客食品（见图 8-18）。

图 8-18　必胜客新旧 LOGO 对比

第五，亲和化。新的 LOGO 更注重与人的关系，以及事物之间的连接。如星巴克咖啡（见图 8-19）。

图 8-19　星巴克新旧 LOGO 对比

第六，年轻化。很多品牌正在积极实施品牌年轻化战略，品牌 LOGO 的年轻化、灵动化也势在必行。如哈尔滨啤酒 LOGO（见图 8-20）。

图 8-20　哈尔滨啤酒新旧 LOGO 对比

品牌 LOGO 的焕新是个动态的过程，一般在企业进行业务调整、品牌定位优化、提出新的品牌主张、拓展新的人群、推出新的产品时，往往会伴随着品牌 LOGO 的焕新行动。但由于旧的 LOGO 已在消费者心智中留下了一定的印象，切忌对品牌 LOGO 进行颠覆式的改变，也切忌频繁地进行品牌 LOGO 的焕新。品牌 LOGO 也是品牌的资产，是需要积累的。

三、品牌卖点

品牌卖点又称为Selling Point或Benefit，即品牌给消费者带来的最核心的利益体验，物质上的或者是情感上的，甚至是精神层面的。又或者是品牌区隔于竞争对手最核心的要点，可以是产品基本属性层面，像成分、工艺、配方、技术、历史、口感等。品牌卖点是品牌价值体系里的重要内容，也是品牌跟消费者沟通最多的，并希望借此打动消费者从而产生购买行为的最直接的内容。有时也会把“品牌卖点”称为“品牌承诺”，即品牌带给消费者的利益体验，包括物质利益体验和情感利益体验。但从严格意义上来讲，“品牌承诺”并不完全等同于“品牌卖点”，品牌承诺可以作为品牌卖点，但品牌卖点还可以是品牌承诺之外的东西，就如上面所述的产品的基本属性层面的东西，可以做为品牌卖点，但这些并不是品牌承诺。

其实，品牌卖点不是一个简单的、单一的概念，它是品牌基本属性（简称品牌属性）、品牌功能、物质利益、情感利益、价值主张等的统称。因为品牌卖点可以是上述几个中的某一点或几点的集合。也有人把上述几点独立出来作为品牌价值体系的组成部分。

品牌属性是品牌本身所固有的最基础的东西，具体到产品层面上来说就是诸如产品成分、工艺、配方、技术、历史、形态、口感、味道等，这些都是构成产品（或品牌）本身的看得见、摸得着的客观存在，是产品功能、物质利益、情感利益、价值主张的根本；产品功能是产品本身所具备的作用；物质利益则是产品功能给消费者带来的物质上的体验和感受；情感利益则是产品功能给消费者带来的情绪上的体验，是物质利益上升到情感层面的体现；价值主张是品牌倡导的一种精神内涵或态度主张，是物质利益和情感利益上升到精神、文化层面的体现。因此，这几者之间是有内在关联的，从产品属性到价值主张，之间每一点都是递进关系。举一个例子并用图 8-21 来表示。

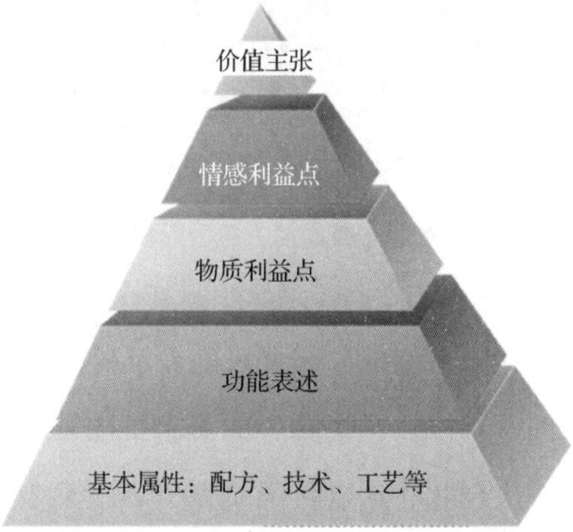

图 8-21　品牌价值体系五要素关系图

这个图也被称为“品牌屋模型”，很清晰地表述了可以作为品牌卖点的，同时也可单独作为品牌价值体系组成部分的五个要素之间的递进关系。我们曾经帮助桂龙药业的进口保健品“希夫益节”（美国叫“Move Free”，品牌名是 Schiff）做过定位和产品策划，在定位基础上构建的品牌屋模型如图 8-22 所示。

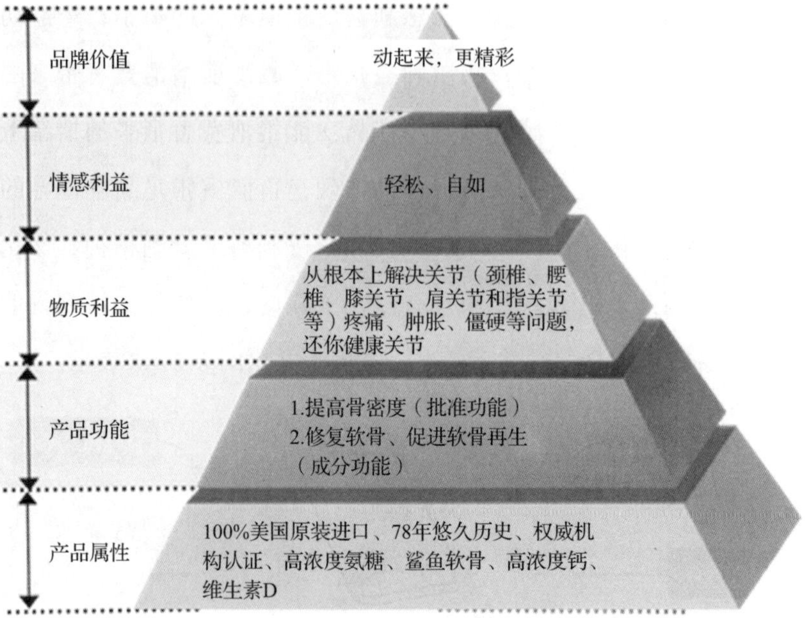

图 8-22　希夫益节品牌屋模型

品牌卖点不是一成不变的，它可以随着品牌发展的不同阶段而改变。在品牌发展的不同阶段，消费者的需求可能发生了改变，对品类的认知也有可能发生变化；还有可能是竞争环境发生了变化；或产品本身的变化，使得过去的卖点不一定能继续打动消费者，又或者是不一定还是消费者最关注的那个点。如 999 感冒灵在不同的发展阶段，其诉求点就从单一的以疗效宣传为主的功能诉求，提升到以“温暖、关爱”为主题的情感诉求。2007 年以前，999 感冒灵主要以“中西结合治感冒，又快又好”为卖点。典型的创意广告是“药店婆媳之争篇”和“钓鱼父子之争篇”，一个说中药好，治本；另一个说西药好，见效快；然后总结强调“中西结合，又快又好”，给消费者留下了非常深刻的印象，获得了很好的品牌推广效果。2007 年之后，围绕着“亲情、关爱、温暖”的主题，999感冒灵的卖点发生了巨大的变化，“暖暖的，很贴心”成了这个阶段的核心卖点。这个阶段典型的创意广告是邀请著名歌星周华健作为品牌形象代言人，并拍摄了一系列广告，如“朋友篇”“家庭篇”等。“感冒的时候，人很难受，很虚弱，特别需要有个朋友在身边，999感冒灵就是这样的朋友，摆脱困扰，给人温暖，像朋友在身边。“暖暖的很贴心，999感冒灵”，这条“朋友篇”的广告一度唤起了众多70后、80后甚至90后的朋友温情，对品牌主张产生了共鸣，999感冒灵的品牌形象又上升到一个新的高度。后续围绕着“关爱、温暖”的主题，“暖暖的，很贴心”的品牌卖点，999感冒灵陆续制作了很多版本的TVC、短视频，并开展了系列的公关传播，一直延续至今，不但赢得了掌声，还赢得了口碑。通过这个例子，我们不仅关注到了999感冒灵在品牌发展的不同阶段其卖点的变化，知道了品牌卖点其实是可以随着时间、环境或自身的改变而改变的，更要关注的是为什么要发生这样的改变，其背后的原因是什么。品牌卖点的改变大多是跟随着消费者环境和竞争环境的改变而改变的，这些跟品类特性是紧紧关联在一起的。不同的品类，消费者环境和竞争环境差别很大，变化周期也差别很大，企业对应这种变化所采取的行动也千差万别，不能一概而论。例如，999感冒灵所在的OTC品类，往大点说是药品品类，消费者对药品品类最大的需求是治病，“功效”是消费者对品牌最关注的、最迫切的需求点，消费者对药品品牌的认知也是从“功效”这个点开始的。因此，对于一个药品新品牌，或一个消费者认知度不高的品牌而言，打“功效”牌是最容易提高消费者对品牌的认知，并打动消费者购买的有效手段，尤其是在竞争并不十分激烈的竞争环境下。在市场竞争十分激烈的环境下，并不是说不能打“功效”

牌或打“功效”牌不行，更多时候是仅靠打“功效”牌还不够，还需要配合很多其他的营销手段。这样，我们对999感冒灵在2007年以前以“中西结合治感冒，又快又好”作为品牌卖点就不难理解了。但后来为什么又转成情感卖点了呢？我们可以从以下几个维度去分析。

首先，消费者有审美疲劳，一件美好的事物看多了也就没有感觉了。同样的，一个很好的卖点说得时间长了，消费者也很容易就没有感觉了，传播效能就会大打折扣，导致广告费用不断有新的投入而没能拉动新的销售，甚至销量出现下滑，导致严重的投入产出失衡。这种情况是经常会发生的，原因当然是多方面的，有卖点的原因，也有创意表现的原因，以及推广活动本身的执行层面的原因，所以有时通过改变创意表现或改变推广组合也能改善投入产出状况。这也是999感冒灵围绕一个卖点不断推出新的创意，以及不断改变媒介组合和推广方式的原因，这些不在我们详细探讨之列。当消费者对品牌卖点出现审美疲劳的时候，是需要做出改变的。

其次，消费者的选择越来越多，市场竞争也越来越激烈，品牌若想继续保持领先优势，必须提出具有明显差异化的，符合消费者现阶段需求的新卖点。大家知道，感冒药品类是个竞争异常激烈的品类，外资品牌与民族品牌争相斗艳，可以说是药品大品类里竞争最为激烈的细分品类。999感冒灵上市时间较早，抢占了先机，但很快就陷入红海的竞争中。这个时候消费者发现有不少品牌也能达到治感冒又快又好的效果，不一定是999感冒灵，于是产生了品牌转移。999感冒灵为了留住已有的消费者，甚至要不断抢夺新的消费者，若还是坚持原有卖点是远远不够的，必须要有所突破，而且这种突破必须是具有明显差异化的。在当时的市场环境下，可以说所有的感冒药品牌都在以功效作为主要的卖点，都在做理性诉求，能说的功效点和功效差异点几乎都有品牌在说，999 感冒灵若还是停留在功效诉求层面，是做不到明显的差异化的。在一次入户访问中，消费者的一句话触发了 999 品牌人员的灵感。有位消费者说："拿热水冲 999 感冒灵（注：999 感冒灵是颗粒剂，需冲服），喝下去感觉暖暖的，很舒服。"就这么简单的、淳朴的一句话，道出了消费者使用产品的真实感受，也因此改变了产品的命运。情感诉求在那个阶段几乎没有任何一个品牌在做，甚至在整个药品品类里也是少见的，具有很强的差异化特征。在消费者对 999 感冒灵的功效已有很强认知的基础上，上升为情感诉求，无疑也是品牌升级的好机会。在后来的进一步市场调研中，也验证了"暖暖的，很贴心"符合消费者对感冒药的需求。

再次，随着消费者认知模式的改变，消费者对品牌的认知已从过去的单一认知转变为多维认知。过去仅靠一个卖点就能使消费者认知并接受品牌，但现在要从品牌的多个维度与消费者进行沟通，才能强化消费者对品牌的印象。因此，从产品属性、产品功能、消费者物质利益体验、消费者情感利益体验、品牌价值主张等不同维度和消费者进行沟通就成为品牌推广的必然手段，甚至除了品牌维度之外，还需要从企业维度、企业领导人等维度与消费者进行沟通。通常的做法是在不同的维度内，聚焦一个卖点，多个维度多个卖点同时输出，但会以某个维度的一个卖点为主；或一个阶段聚焦一个维度一个卖点，不同阶段输出不同维度的不同卖点。999 感冒灵无疑属于后一种做法。

最后，还有一种促使品牌卖点发生改变的原因是品牌由于各种原因发生了自身的变化而不得不改变品牌卖点，当然这种自身的改变有时是迫于政策、技术、经济或竞争的原因。典型的例子是同属感冒药的康泰克。康泰克是中美史克旗下的感冒药，在PPA（盐酸苯丙醇胺，有收缩血管的作用）事件以前，康泰克的品牌卖点是"早一粒，晚一粒，远离感冒困扰"，有效地传达了品牌对消费者的利益承诺。后来国家出台政策，规定感冒药中不能含有PPA成分，中美史克推出了不含PPA的新康泰克。新康泰克一上市就推出了"不含PPA"的品牌新卖点，着力向消费者提供他们所关心的信息，并创作出了新康泰克先生用放大镜仔细检查产品包装的广告创意。这一阶段过后，又推出了"新康泰克，12小时缓解感冒症状"的品牌卖点，以此唤起消费者的品牌回忆，维系原有消费者的忠诚度。康泰克这一卖点的转变正是由于政策环境的变化导致产品配方的改变而引起的。

不管品牌卖点如何改变，在某一个阶段，处于某一个特定区域，基于某一个品牌维度下，都应聚焦于一个卖点。这个阶段的长短，特定区域的范围因品类、市场环境和企业行为的不同而不同。

好的品牌卖点均具有以下特征。

（1）聚焦在一个点上，简单、直接，利于传播的同时也利于降低沟通成本。这是基于特定市场阶段而言的。那种万金油式的诉求，看似无所不能或者与众不同，但众多的案例已充分证明了此路不通，尤其是在市场细分、竞争激烈的当今市场。

（2）能打动消费者，容易促成购买意愿，这是品牌卖点最核心的特征。需要站在消费者角度去思考，深度洞察消费者需求，并用消费者容易理解和便于接受的语言表达出符合消费者需求的点。

（3）品牌最鲜明的特点之一，一定是品牌本身所具备的，而且是品牌本身的优势。有时候品牌的优势可能不止一个，作为卖点也就有很多的选择，这时就需要综合考虑消费者需求和竞争环境来分析，最后成为品牌卖点的那个点不一定是品牌最大的优势，但一定是品牌本身较明显的优势或者是品牌本身所具备的条件。

（4）具有差异化或具有独占性，能与竞品区隔。这种差异化体现在：只有我自己的品牌具备，其他品牌做不到；或我自己的品牌做得很好而其他品牌虽然也可以做但一定做得不好；或我自己的品牌第一个提出来，之前及现在均没有其他品牌提出过。简单来说，差异化就是其他品牌做不到、做不好或未做过的。

四、品牌支撑点

品牌支撑点简称 RTB（Reason to Believe），即给消费者购买品牌的最强有力的理由，它是对品牌卖点的说明、论证或叫支撑，以加强品牌卖点的可信度，以更能打动消费者。一般而言，品牌跟消费者沟通的简单逻辑是：我是什么—我能给你带来什么利益—我为什么能给你带来这些利益—为什么要选我而不是别人。品牌定位、品牌卖点解决了“我是什么”和“我能给你带来什么利益”，而品牌支撑点要解决的是“我为什么能给你带来这些利益”和“为什么要选我而不是别人”。因此，品牌支撑点和品牌卖点的逻辑关系是：因为（品牌支撑点），所以（品牌卖点）。品牌支撑点一般会有 1 ～ 3 点，但理想状况是能聚焦到一个有说服力的点上。这些品牌支撑点可以是以下几点。

第一，权威背书。权威机构或权威人士的实验结果、推荐或其他相关结论性的背书。如前面提到过的脑灵通，就借用了世界卫生组织推荐的青少年每日 DHA 摄入量作为权威背书。还有早年的佳洁士牙膏，借助所谓的“全国牙防组”的认证来为产品做背书。但新的广告法对权威背书的广告方式有很多严格规定，在很多品类的大众广告中此法已行不通。

除大众广告外，推广方式还有很多，如同是宝洁公司的舒肤佳香皂就大力推进个人卫生普及教育，与国家卫生部、教育部、红十字会、中国儿童基金会和中华医学会等权威机构紧密合作，举办各种卫生科普教育活动，在消费者心智中牢牢地树立了“除菌”的品牌标识。通过科普教育活动的方式，上述权威机构无形中就为品牌做了背书。

第二，产品作用机理。汤臣倍健健力多氨糖软骨素钙片：“含有氨糖、碳酸钙、硫酸软骨素、酪蛋白磷酸肽、骨碎补五大营养成分。甄选新西兰进口 CPP，以牛奶酪蛋白为原料，促进肠黏膜对钙、铁、锌、硒，尤其是钙的吸收利用，成为修复损伤关节的助力剂。结合中西营养，为骨骼健康提供全面解决方案。”其中的“促进肠黏膜对钙、铁、锌、硒，尤其是钙的吸收利用，成为修复损伤关节的助力剂”即为产品的作用机理。

运用产品作用机理做支撑点时，要用消费者听得懂的语言，把深奥的科学道理说清楚，不能照搬科学化的描述，文绉绉的语言是不能引起消费者的关注的。有时候在讲产品作用机理时会提到成分的独特性，或在讲成分的独特性时会简单提一下产品作用机理。

第三，产品成分的独特性。如潘婷营养洗发露广告："含有独特的维他命原B5，能由发根渗透到发尖，其全新改良配方，能加倍保护头发，免受损害，令头发分外健康，加倍亮泽。"强调产品中含有独特的营养成分维他命原B5，支持其"保护头发，加倍亮泽"的卖点。

需要注意的是，如果这个独特成分的正式名称很复杂或很深奥，消费者不容易听得懂或即使听得懂也不容易记住，这时就会用一个这种成分的简称，或直接创造一个消费者容易记得住的名词来代表这种成分。如泛醇对头发具有持久保湿、改善光泽、减少分叉、防止断裂等效果，宝洁公司将其用于潘婷洗发水产品中，在广告宣传中以产品含有此成分作为品牌卖点。但"泛醇"是化学名称，消费者不容易听懂，遂用其别称"维他命原B5"，消费者普遍知道维他命是营养素，至于B5虽然也搞不懂，但会把它理解成一种特别的维他命，因此，"维他命原B5"比"泛醇"更能让消费者理解和接受。

类似的例子还有黑妹牙膏早期的宣传里，把"国际香型，内含口洁素"作为"清新口气"这个卖点的支撑点，其中"口洁素"就是专门创作出来的代表牙膏里某种具清新口气功能的化学成分的名称。

第四，市场表现。例如，蓝月亮洗衣液连续七年全国销量第一；江中牌健胃消食片一年销售七亿片；还有诸如“ ××× 畅销 ××× 年”或“ ××× 销量遥遥领先”等，都是以品牌优秀的市场表现来作为支撑点的。

第五，消费者体验或证言。传统的药品广告有个叫“三感”的套路：危机感、发现感和信赖感。危机感就是摆症状，让消费者对号入座；发现感就是提出解决方案，让消费者如获至宝；信赖感就是摆证据，证明此药有效，让消费者深信不疑。可能还有第四感叫“紧迫感”，大多是恐吓诉求，让消费者如坐针尖、相见恨晚。这是很多药品广告常用的套路，其中的信赖感大多以消费者证言的方式来表现。套路虽老，效果很好，但在药品广告规范化管理的大趋势下，此套路已日渐式微。还有早年宝洁公司的广告，大多也是通过消费者证言的方式来对消费者做教育的。

第六，专业技术（发明、专利、独家技术）或工艺。

第七，溯源。历史溯源，强调年代久远、历史感；或源头溯源，强调正宗。如泸州老窖的国窖 1573：“你能听到的历史 136 年，你能看到的历史 174 年，你能品味的历史 440 年，国窖 1573”，以 440 年的历史作为支撑，强调其酒的经久不衰和历史厚重感。

农夫山泉水源地的溯源广告，以长白山等水源地的溯源来支撑其水的天然纯净和独特性，进一步提升消费者对“大自然的搬运工”

的认知。

第八，名人代言。利用名人的知名度、影响力及粉丝效应为品牌做背书，也是另一种形式的支撑。

五、核心广告语

核心广告语是最能体现品牌定位且最能打动消费者的一句话。广告语可以是品牌卖点（基本属性、基本功能、物质利益点、情感利益点或价值主张）、品牌支撑点、品牌定位中的一句话，也可以不是。这几个维度的内容可以互不一样，但都是围绕品牌定位来表述的，都要很好地体现品牌内涵，都是品牌价值体系的重要组成部分。广告语的内容可以比以上几点更宽泛，主要有六个维度可考虑，如图 8-23 所示。

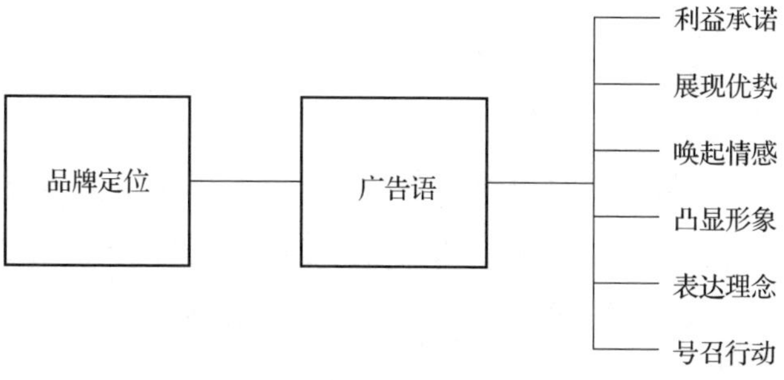

图 8-23 广告语内容的维度

不同维度的广告语示例（见表 8-1）。

表 8-1　不同维度广告语举例

维度	示例一	示例二
利益承诺	困了、累了，东鹏特饮	健力多：补软骨，护关节
展现优势	农夫山泉有点甜	不是所有牛奶都叫特仑苏
唤起情感	999 感冒灵：暖暖的，很贴心	太阳最红长虹最亲
凸显形象	飞利浦：精于心，简于形	飘柔：就是这么自信
表达理念	奔驰：The Best or Nothing	李宁：一切皆有可能
号召行动	益力多：你今天喝了吗	欧莱雅：你值得拥有

好的广告语要符合以下几点要求。

（1）用消费者语言，即要说人话。尽量不用专业术语，少用书面正式语言，多用日常生活中的口语化表述，以贴近老百姓生活。“吃嘛嘛香，六必治牙膏”这句广告语至今还记忆犹新，虽然已很久没看到过其广告了。“今年过节不收礼，收礼就收脑白金”虽然备受争议，但丝毫不减其传播力和销售力。

（2）朗朗上口，简单易记。忌用拗口的词汇，一般十个字以内为宜，能押韵则更有利于记忆。“怕上火，喝王老吉”、“就这样一直美下去”（养生堂天然维 E）、“停下来享受美丽”（美即面膜）、“天然无刺激”（百雀羚）等，都是很简单的几个字。

（3）最好能包含品牌名。消费者记住广告语的同时也记住了品牌。

（4）能体现品牌核心要素。如品牌定位的内涵、品牌价值主张等。

能同时满足以上四点是最理想的情况，但往往很多时候做不到十全十美，视侧重点进行取舍。

广告语与品牌卖点一样，并不是一成不变的，而是要根据不同的市场阶段、不同的区域、不同的受众或不同的传播需求而做出调整。其变化的频率和多样性甚至比品牌卖点还丰富，因为广告语是创意化的表现形式，同样的品牌卖点可以用不同的创意点来表现，也就会出现在同一品牌卖点之下有不同的广告语的现象。

六、品牌个性

品牌个性是消费者认知中品牌所具有的拟人化的人格特质。品牌个性、品牌形象、品牌调性所要表达的意思是相近的。20 世纪 80 年代以前，大部分学者认为品牌个性就是品牌形象，现在大部分学者比较赞同“品牌个性是品牌形象的一个重要构成维度，而非唯一构成维度”的观点。

品牌是品牌系统在消费者心智中的认知。品牌具有内在主观性和外在客观性双重属性。所谓内在主观性是指品牌本来的性质，包括品牌名称、颜色、字体、图形、品牌卖点、品牌主张等的品牌系统元素，是品牌本身希望成为的那个状态。如果把品牌比喻成一个人的话，那么这种内在主观性就是这个人希望自己成为怎么样的人，包括人品与性格；为了达成这样的人品和性格，TA 必须在个人形象、语言、行为等方面进行系统塑造，这个系统塑造就相当于品牌的品牌系统塑造。而外在客观属性，则是消费者心智中对品牌系统的认知，是品牌在消费者心智中实际存在的那个状态。如果也用一个人来比喻的话，这种外在客观性就是别人对这个人的认知与评价，也包括对人品的认知和对性格的认知，是这个人所有的个人形象、语言、行为在别人眼中的集中反映。内在主观属性是外在客观属性的基础和根源，也是品牌的本质性的东西；外在客观属性是内在主观属性在消费者印象中的映射，是品牌的真实表现。这里说的品牌个性属于外在客观属性的范畴。由上可知，虽然品牌个性是外在客观属性，但在构建品牌个性的时候，并不是简单地把希望形成的消费者的个性认知描述出来就可以了，而是要在描述出来的同时，回过头去思考之前所构筑的品牌系统是否与这个描述的调性是一致的。因为这种个性认知并不是简单的输出的，而是整个品牌系统最终形成的消费者的印象，品牌系统中的任何一个元素都会对消费者印象的形成产生影响。另外，品牌个性属于品牌的外在客观属性范畴，所以严格来讲，两者都不是我们规划出来的，而是消费者感知的结果。但为何在实际工作中却又要规划品牌个性呢？所谓规划，就是事先勾画出希望品牌将来带给消费者的感知，这是一个系统工程，不是简单的一两句话。这种勾画必须从消费者能够感知的角度入手，找出品牌那些能够被人直接感知的特性，而不是品牌的行为或那些内在的特质。然后再回过头去审视整个品牌系统是否与这些特质相一致。

理解了上述两个属性，我们再来研究品牌形象和品牌个性的细微差别。首先，我们所说的品牌形象和品牌个性，都属于外在客观属性范畴，都是一个系统工程，都是消费者对品牌系统的感知。其区别在于，品牌形象是消费者对品牌的所有感知的集合体，是品牌在消费者记忆中的总图景。如果用一个人来比喻的话，包括上面提到的这个人的人品和性格的总感知。而品牌个性则是消费者对品牌体现出来的外在性格的感知，是品牌在消费者记忆中的某一个方面的印象。如果用一个人来比喻的话，就仅仅是这个人的外在性格特征。

某位策划人员在为某个中成药品牌规划品牌个性时是这样定义的：敦厚惜人、承方有道、值得托付。这种定义从上面所分析的严格意义上来讲是有问题的。“敦厚”是直接的外在感知，可作为品牌个性定义；而“惜人”“承方有道”则是品牌本身的行为或内在品质，这种行为或内在品质到底给消费者什么样的个性感知需要进一步清晰化；“值得托付”是消费者对品牌个性感知后的行为倾向，而非对品牌本身的个性感知。所以，准确来讲，在不改变原有意思的情况下，上述品牌的品牌个性应这样来规划：敦厚的、温暖的、专业的、可靠的。

对品牌个性的描述一般是使用 2 ～ 3 个形容词，而且形容词之间不能出现互相矛盾的现象。一般不建议使用过多的形容词，否则显得杂乱，反而使得个性不鲜明。

虽然我不想涉及太复杂的理论研究，但讲到品牌个性或品牌形象，就不得不涉及品牌原型理论，因为在大多数情况下，这是制定品牌个性的依据。

“品牌原型”理论最早是由美国学者玛格丽特 · 马克和卡罗 · S · 皮尔森共同提出的。这一理论认为，有生命力的长寿品牌是具有人格原型的。玛格丽特 · 马克和卡罗 · S · 皮尔森将品牌原型分为四类共 12 种（见图 8-24）：向往天堂（天真者、探险家和智者）、刻下存在的痕迹（英雄、亡命之徒和魔法师）、没有人是孤独的（凡夫俗子、情人和弄臣）、立下秩序（照顾者、创造者和统治者）。

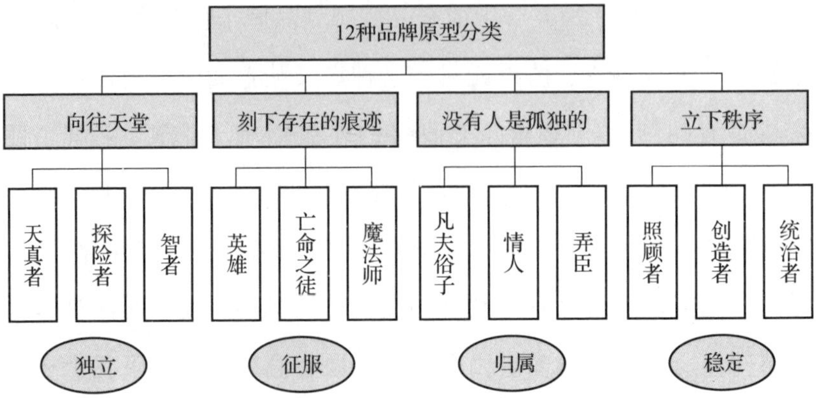

图 8-24　品牌原型的种类（A）

也可以如图 8-25 这样表示。

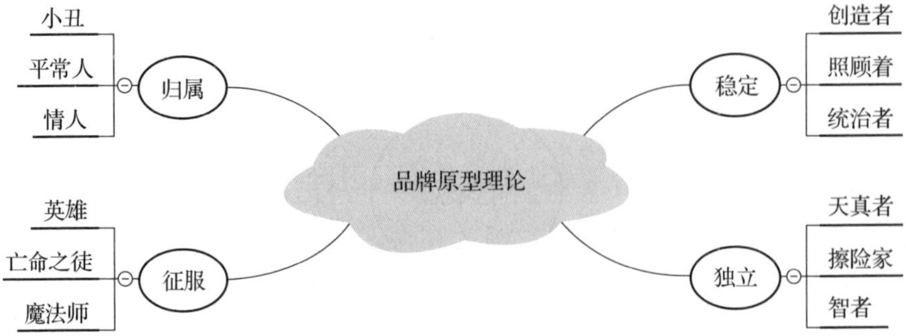

图 8-25　品牌原型的种类（B）

如图 8-25 所示，总共是四个动机下的 12 种原型，每个原型的举例如下（见图 8-26 ～图 8-29）。

图 8-26　“独立”动机三个原型示例

图 8-27　“征服”动机三个原型示例

图 8-28　“归属”动机三个原型示例

Haier 海尔：真诚到永远	SONY 索尼：创所未想	Microsoft 微软：做伟大的事
照顾者：利他助人 平衡自我与照顾他人，利他主义，关怀大我，高度同理心	**创造者：自我表达** 渴望自由，充满好奇心，追根究底，展现个人品味与价值	**统治者：阶级与权力** 负责任，管理、地位，追求权力，表现领导力

图 8-29 “稳定”动机三个原型示例

品牌原型理论是做品牌形象（品牌个性）规划的理论基础，按照这个理论模型，一般会经历三个步骤。

（1）根据品牌定位选定相匹配的四大原型中的一个（先选大项原型）。

（2）在大项原型中选择与品牌定位相匹配的小项原型。

（3）根据小项原型和品牌定位勾勒出品牌个性的几个关键词。

这里要特别关注人群定位与品牌的核心价值，既要符合品牌核心价值的外在表现需求，又要利于与目标消费者建立情感关系，还要能体现出人格化形象。当然，熟练了之后可直接根据品牌定位勾勒出品牌个性的关键词。品牌原型理论只是提供了一种经过实践验证的、行之有效的方法。到目前为止还没有另外一套成熟的模式来规划品牌个性。

七、品牌故事

1. 品牌故事的类型

品牌故事是对品牌创立和发展过程中有意义的事情的描述。有三种基本类型。

（1）大多品牌故事是有关品牌创始人的，带有传奇色彩。

（2）有的品牌故事是品牌创立和发展过程中的重大事件。

（3）有的品牌故事是描述品牌创立的初衷和愿景。

品牌故事能体现品牌理念，能增加品牌的历史厚重感，加深消费者对品牌的认知，增强品牌的吸引力。不管是哪种类型，品牌故事都是以与品牌利益相关人及相应理念、行为为出发点，紧密围绕品牌核心价值和品牌目标展开叙述，最终通过生动、趣味、感人的表达方式唤起与消费者之间的共鸣。

2. 品牌故事写作要点

品牌形象的规划为品牌创造了人格特性，品牌故事的任务就是要把人格化的品牌形象以故事的形式生动地展现出来。

科学广告派的鼻祖克劳德·霍普金斯认为“广告之于商品，犹如戏剧之于人生，它既是商品，又高于商品”。芝加哥学派代表人物李奥·贝纳强调广告文案具有“内在戏剧性效果”。这些都说明了故事形式对品牌推广的重要性。优秀的品牌都是会讲故事的，学会讲故事，把故事讲好，是一名品牌策划人员的必修课。其实，大到人类社会、国家，小到社团、公司等，都是因为对某种故事的相信，才走在一起的，会讲故事是人类与动物的根本区别之一（详见《人类简史》一书）。

如何写好一个品牌故事呢？可从以下六个方面切入。

（1）品类的历史或与此品类相关的故事。品牌虽然是新品牌，但商品一定不是完全全新的，所以这个商品的品类一定是有历史和故事可讲的。如果是不具备历史底蕴的东西，也可以从一个小故事作为切入点。但不管是历史或是故事，即便不是100%真实，在加工和创作的时候，也要遵循真实性的原则，保证情感的真实性。

（2）创始人的创业故事。有时没有必要一定把创始人编得有多么传奇，而是可以通过创始人的创业经历，表现出他是多么热爱这个品牌和行业，多么希望通过自己的努力用自己的品牌和商品改变人们的生活，带给消费者幸福和快乐。

（3）品牌态度。品牌确实在产品设计、功能、包装、销售、传播等所有的环节都有着同样的态度，而不是一个跟别人没什么区别的品牌，那么品牌故事就可以谈品牌态度，谈品牌哲学。

（4）市场潜在需求。有些创新的品牌，他们的产品是发现了市场上目前的产品不能满足消费者越来越细分的需求，其品牌是应时而生的，所以可以从这种市场需求去谈起。

（5）LOGO 符号或品牌名。LOGO 符号或是品牌名也是很好的切入点，因为一个好的 LOGO 或是命名，一定也是蕴含着一个好故事的。

（6）当地文化。一些地域性的品牌，可以从当地的风土人情、文化特征切入。这样的品牌故事对于本地人来讲会有认同感和共鸣；对于外地人来说，会觉得好奇，并觉得这个品牌是有文化内涵的。

3. 写好品牌故事的要求

第一，真实性。不一定 100% 真实，但一定是基于真实之上的，虚情假意打动不了消费者。上面谈到写品牌故事的六个切入点，我们可选择其一或某几个点来写，但无论是哪个点，都必须是真实存在的，或者是基于事实基础之上的。有时候，故事可以是虚构的，但这种故事其情节可能是虚构的，但其故事背景、事件的发展和故事的主题是有真实依据、符合时境逻辑的，或有生活原型的。当然，寓言故事和神话故事除外，不在我们讨论之列。

因此，在写品牌故事之前，为达到真实性目的，一定要事先全面了解品牌的起源、发展及现状，以及在这个过程中的一些重大的或有标志性意义的事件；还需要了解品牌创始人或管理者创建品牌的初衷、愿景及他们在品牌建设过程中的一些关键性经历。我曾碰到过有些策划人员在写品牌故事的时候是坐在办公室里纸上谈兵，这样没有基于事实之上的虚构，是写不出好的品牌故事的。

第二，相关性。与自己的品牌内涵紧密相关，品牌特征鲜明，而不是与别的品牌雷同的。品牌故事是建立品牌的重要内容，是与消费者进行沟通以期将品牌植入消费者心智的一种重要手段，是以故事来体现品牌内涵的一种形式，其最终目的就是要和其他的品牌建设手段一起协同，来让消费者认知品牌、喜爱品牌并最终忠诚于品牌。所以品牌故事一定要体现品牌DNA，这些在上面讲的品牌定位和品牌资产构筑里都有体现。当然，品牌故事并不是一定要所有都体现出来，而是根据使用的需要有所侧重和取舍。

如果一个品牌故事把品牌名换掉也说得通，那这个品牌故事一定不符合“相关性”的原则，也一定不是一个好的品牌故事。

第三，故事性。具备故事的基本要素并有起承转合的逻辑结构。故事就是以叙述的方式讲述一件有寓意的事件。我们都知道写作形式有三种：叙述式、说明式、论述式。品牌故事既然是故事，其写作方式就是叙述式，或叫陈述式，而不是说明式或论述式。在实际工作中，我发现最多的误区是以说明式的方式来写品牌故事，如下文：

“承千年良方之精粹，创百年健康之事业。×××（品牌名，下同），坚守生命之本，延绵国药华彩。世间万事万物都离不开发生、发展、衰退和消亡的过程，人的生命历程也同样要经历生、长、壮、老、死，是一个由弱到强、再由强到弱的过程。中老年人唯有直达生命之本，固本培元，才能使身体强健，寿数有增。×××自成立以来，秉承中医千年养生智慧，结合现代医药科技技术，深耕中老年人健康调养事业。丹心不改，只为实现‘长寿中国’的伟大宏愿！”

这样的品牌故事能打动你吗？有故事性吗？有品牌独特性吗？显然没有。

如上所言，故事就要有故事的基本要素和逻辑结构。故事的基本要素不外乎时间、地点、人物、起因、事件经过、结果这六个方面。作为品牌故事，起码要具备这六个基本要素才能称之为故事。

故事注重事件演变过程的描述，其逻辑结构一般包括开端、发展、高潮、结局几部分，这几个部分的内在逻辑关系是冲突—行动—结局的关系。冲突由两部分组成：一是渴望，也就是想要什么；二是障碍，也就是有什么使想要的得不到。这个“冲突”可作为故事的开端。当面对障碍，接下来就需要克服障碍，行动起来。“行动”就是故事的发展和高潮部分。最后就是结局，结局就是结果，付出了那么多行动，障碍有没有被克服？渴望有没有被实现？都会在结局中体现。

符合这三点才能流露出能打动消费者的真情实感，才能成为品牌与消费者的情感联系纽带。

4. 经典品牌的品牌故事

芭比娃娃的品牌故事

芭比诞生于“二战”后的美国。当时美泰公司创办人露丝·汉德勒见女儿喜欢玩当时流行的纸娃娃，兴致盎然地帮它们换衣服、换皮包，便想到应该设计一款立体娃娃。而一次在德国度假时，露丝无意间发现了身高11.5寸，三围39-18-33的德国娃娃“莉莉”。正是这个娃娃激发了露丝的灵感，回到美国后，露丝立刻对莉莉的形象加以改造，让她看上去像玛丽莲·梦露一般地性感迷人。

1959年3月9日，世界上第一个金发美女娃娃正式问世，露丝用小女儿芭芭拉的昵称给她命名，从此这位金发美女就叫做“芭比”。

这则品牌故事讲的是芭比娃娃这个产品的由来，包括其诞生历史、创建过程、名字由来等，属于第一种类别的品牌故事。

可口可乐的品牌故事

Coco-Cola的发明是一场意外。可口可乐曾经是一位医生发明的，也可以说是他制造了可乐。

一次，他给一位病人看病，开了一瓶药水，让病人回家后服用。结果，当他晚上准备休息时，忽然那个人又来了，而且很高兴，将自己的大桶递到医生面前，要求装满满一桶的药水，要和上次一模一样，医生稀里糊涂地照做了。

第二天，他带着一帮人来到这里，纷纷递上了各自的杯子和水桶，抢着买药水。医生很奇怪，便问他们为何天天来买药，难道是家家都生病了？人们举着大拇指夸赞这里的药水很好喝。医生一头雾水：“没有生病，为何天天买药？难道这药水既可以治病，还是可口的饮料？”于是，他大胆地开了一家“药水”制造厂，因为这药水很好喝，人们喝了都无比愉快，他决定把它称为“可口可乐”，这位不知名的医生，仅仅因为一场意外，后来让自己的“药水”走遍了世界。

这则品牌故事讲的也是品类的由来，是典型的第一种类别的品牌故事。

金日制药的品牌故事

一切源于一个朴素的愿望。

时间定格在李仲树先生18岁那年，父亲因病，满怀着对家人的眷恋和未尽的责任，遗憾地离开了人世。父亲离别时牵挂的眼神，让他明白健康才是王道。从那一刻起，李仲树先生就立志——从“爱家”开始，为人类的健康事业而奋斗！

饱尝丧亲之痛和生活艰辛的李仲树先生，23岁只身闯入香港，开始践行他的人生梦想。经过7年药铺打工的苦熬，终于开设了属于自己的健康诊所，兼卖药材，孕育了“金日”的雏形。在不断地行医问药中，李仲树先生找到了可以强身健体的天然养生食品——西洋参！于是他毅然关掉所有的生意，开始全心经营他的金日西洋参健康产业帝国。李仲树先生诚实做人、认真做事的经营风格，让他很快成为誉满东南亚的西洋参之王。

1991 年，李仲树先生回到家乡厦门同安，投资 5000 万建立了金日制药有限公司，“金日”品牌由此落地中国大陆。他希望通过金日制药的平台，为更多的家庭送去健康与幸福。正如其所说，金日事业是造福的事业，让生活中多一些幸福，少一些痛苦！

金日制药（中国）有限公司是香港金日集团全资子公司，成立于 1991 年，是集团健康产业在国内的主要生产基地，是一家集研发、生产和销售为一体的现代化制药企业。公司产品从单一的洋参丸发展到口服液、片剂、胶囊剂、颗粒剂、膏剂、膜剂等 12 条生产线近百个品种。金日制药是福建省极具规模的现代化药品及保健品生产企业，也是中国保健品行业的标杆企业之一。

这则品牌故事有点长，涵盖了创始人的创业故事，品牌创立之初的愿景以及品牌发展过程中的重大事件等，基本上把品牌故事三种类型的内容都包含进去了，但重点还是在于对创始人创业过程的描述。稍欠缺的是由于囊括了三种类型的内容，显得重点内容不够突出，另外就是整个品牌故事没有特别能打动人的故事情节，显得记忆性不足。

品牌故事上述三种类型六个切入点，可以选择其一进行创作，也可以几方面结合起来创作，但都可以从三个要求来衡量。讲好品牌故事能让品牌形象更丰富，让品牌内涵更立体及更有底蕴或个性。在实际应用中，可以把品牌故事拍成短片，或印在宣传册上，通过各种推广渠道与消费者沟通。

八、品牌写真

品牌写真（Brand Print）就是关于消费者与品牌之间存在的独特关系的一种生动的陈述，是关于品牌存在理由的最根本的绝对真理。

简单地说，品牌写真就是要了解品牌最重要的精髓，如核心真相（Core Truths）及精神（Spirit），作出品牌 DNA（基因）的陈述。规范所有品牌推广的策略和执行，以清晰的指引减少幻想和主观性，确保不违背品牌精神。可以说，品牌写真是众多品牌法则里的“基本法”或“宪法”。

品牌写真也是创意简报（Creative Briefing）和评价创意工作的一个重要的依据。它能提供给创意团队一种更微妙、更多彩的关于消费者 / 品牌关系性质的描述，以启发创意人员的想象力。

品牌写真就是要把品牌对目标消费群最重要的关联性表达出来，这种关联性就是品牌与消费者之间最直接、最根本的联系纽带。这种关联性主要有：

（1）品牌扮演的角色。

（2）品牌占领的领域。

（3）品牌所满足的情感需求。

（4）使用者对品牌的爱戴和期盼。

（5）品牌的信念、价值观或态度。

品牌写真是简明的，在长度上可以是一段或两段话，但最好是可以压缩为一句或几个短句；品牌写真是真实的，不要试图去虚构你理想中的品牌，或虚构你喜欢的品牌的某些方面。

与品牌故事不一样，品牌写真多用说明式的表述方式。一起看看几个经典品牌的品牌写真。

宝马（BMW）品牌写真：

宝马是超驾驶机器；充满男子汉气概，没有丝毫的笨重和古板，驾驶宝马赋予驾驶者以控制感和力量感；宝马的内涵是秩序与和谐；它是精密准确的汽车；它光亮的车身下，蕴藏着无限的动力，一触即发；能够拥有宝马是对车主成功地位的肯定，因为并非人人可以享受这份荣耀，这一点从来不会公开宣传，但宝马车主都知道这点；宝马是驾驶的乐趣；驾驶一辆工程设计的杰作。

IBM 品牌写真：

IBM 是信息时代的基石、改造我们生活的拉力，IBM 站在全球发展的高度，兼顾人性化需求的温和、积极，甚至偶尔也会自嘲一番。

轻轻一触，它就能把任何人变成拥有科技魔力的用户；它提供了“四海一家的解决之道”。

美国运通品牌写真：

美国运通不是属于每一个人的，它是属于那些想大伟略，做大事情，构建大蓝图的人。

AMEX IS NOT FOR EVERYONE，IT’S FOR THOSE WHO... THINK BIGGER THOUGHTS，DO BIGGER THINGS，PAINT BIGGER PICTURE.

香港生力清啤的品牌写真：

我只懂跟着我的本能走，很难照顾你的想法啦！小心点哦，我里面有点“野”的耶！

I FOLLOW INSTINCT AND I COULDN’T CARE LESS WHAT YOU THINK. WATCH OUT，I HAVE SOMETHING WILD INSIDE ME.

我为我们公司（风翔传说整合营销服务机构）写的品牌写真：

凤翔传说是大健康行业的实效营销专家；坚持利他思维，遵循求真成善，以专注行业、专业策略，助力客户实现实效营销，是客户可信赖的长期合作伙伴。整合营销全链条，以实效见证业绩，以实效成就客户，以实效实现与客户的长期共生。独具行业特色的理论体系、更落地的数据与方法模型、丰富的成功案例，奠定了凤翔传说大健康行业实效营销领航者的地位。

写出品牌写真后，需要对品牌写真进行校验，主要从以下几个维度进行：

（1）品牌专属的特质，其他品牌无法抄袭。

（2）体现品牌一个最核心的相关性的精神。

（3）每句每字都能透露出品牌的个性。

（4）强调品牌希望拥有的一句话或一个关键词。

所以说，品牌写真是所有品牌资产里面最精髓的、最具纲领性的内容。

完成了品牌定位及以上所述的品牌资产的构筑后（这个过程也常常被称为是“品牌构建”的过程），通常会用一张图来表示，叫“品牌价值体系模型图”，如图 8-30 所示。

我们为太极藿香正气口服液做了定位以及构建了品牌资产，用上述品牌价值体系模型图梳理后的结果如图 8-31 所示。

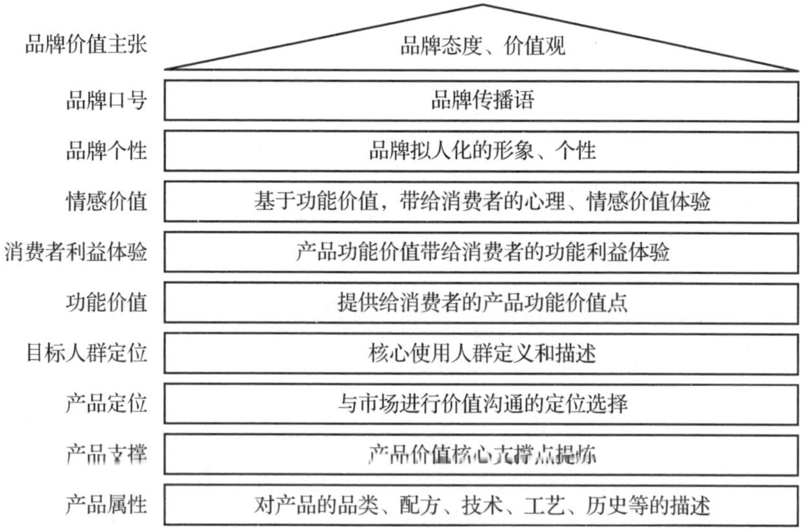

8-30　品牌价值体系模型图

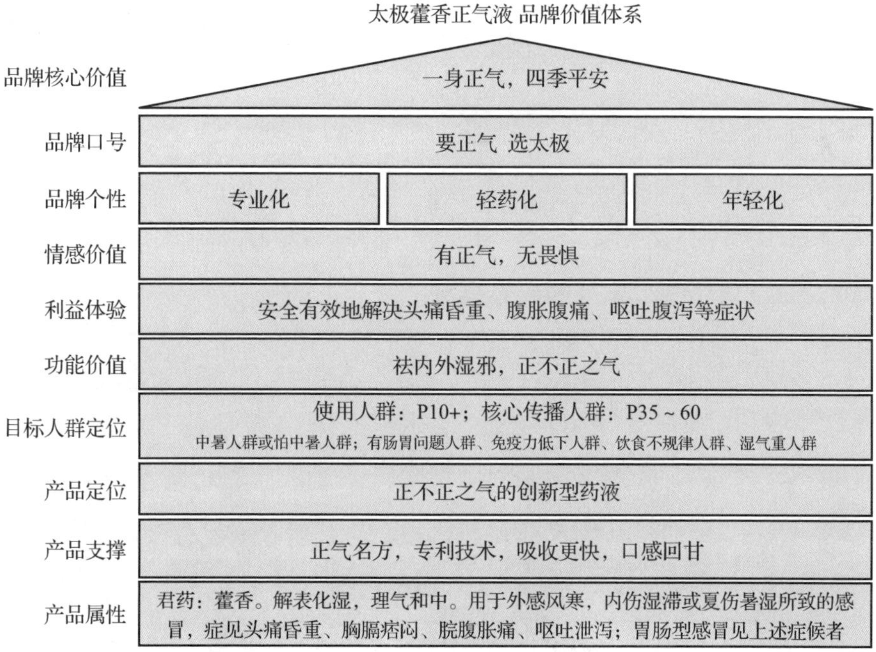

图 8-31　太极藿香正气口服液品牌价值体系图

注：P 值代表年龄。

第九章

C H A P T E R 9

品牌识别规划

第一节　品牌识别系统

品牌识别是品牌主期待着在消费者心智中建立的独特认知和联想，是企业对品牌是什么做出的全面而完整的定义，是企业统帅一切营销传播活动的依据和原点。

品牌识别系统是一系列与品牌相关联的事物和理念，是企业希望品牌所代表的东西，主要包括品牌的产品识别、理念识别、视觉识别、行为识别、责任识别等。它具体规范了一个品牌的理念文化，价值观和使命，品牌的产品品质、特色、用途、档次、产品包装、VI 系统、影视广告、海报，品牌的企业社会责任感，品牌的企业行为制度、员工行为制度等。

这些品牌识别系统具体界定了企业营销传播活动的标准和方向，使品牌核心价值这个抽象的概念能和企业日常活动有效对接，具有可操作性。把品牌价值体系的文字性内容，分解到产品的研发、生产、渠道、广告、促销、服务等方面，甚至每个员工的行为上。

从广义上来讲，品牌定位及其品牌价值体系都是品牌识别的一部分，因为这些都是品牌独有的、区别于其他品牌的、能让消费者识别得到的要素。从狭义上来讲，品牌识别是将品牌的价值体系分解到与品牌相关的各项企业活动中，并形成规范，从而使品牌建设始终与品牌价值保持一致。

品牌识别系统涵盖的范围可以很广，但在实际应用中，不一定要面面俱到，可根据企业的实际需要逐步完善。例如招商银行在传播上的品牌识别体系就是围绕着“谋思图变，因思而变”的品牌核心价值，构筑了“一句话、一朵花、一个人”的识别系统：一句话——“因你而变”；一朵花——“向日葵”，客户是太阳，招商银行就是向日葵，向日葵是迎着太阳转动的，招商银行要做到的是“因你而变”，永远以满足客户需求为根本；一个人——形象代言人钢琴家郎朗，他“我思故我变”的思维刚好吻合招商银行对“变”的追求。

所以品牌识别系统不是千篇一律的，是根据企业在各项活动中的需求而改变的，比较常规的有产品识别（PI）、理念识别（MI）、视觉识别（VI）和行为识别（BI）四种。MI、VI、BI 的关系如图 9-1 所示。

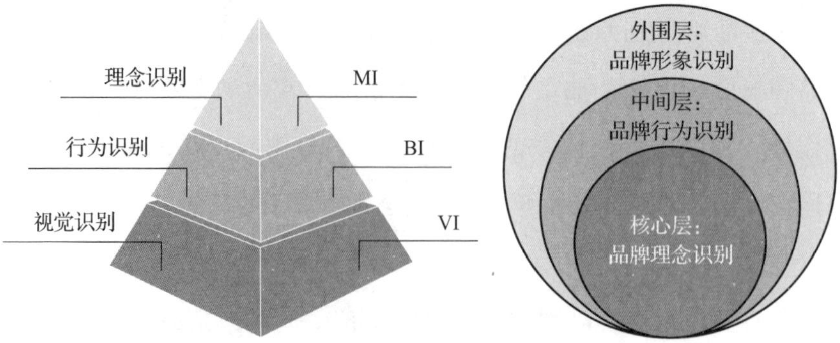

图 9-1 MI、VI、BI 关系图

视觉识别（VI），或叫品牌形象识别，这个是基础，是表象的、外围的识别系统；行为识别（BI）是更进一步的，属于中间层的识别系统；理念识别（MI）是核心，是内在的识别系统。

第二节　常规的品牌识别系统

一、产品识别

产品识别（PI）是品牌识别系统的重要组成部分，是品牌 DNA 传承至产品的具体表现，简而言之，即如何让产品具有清晰的品牌辨识度。PI 须将品牌价值通过产品展现出来，以突破以往品牌价值仅仅在传播上反映的局限，让品牌实际落地于产品之中。

产品识别的基本要素就是产品的相关属性，大体可划分为视觉识别要素和个性识别要素两个方面。视觉识别要素（外部）是 PI 设计中的基本要素，产品的本体属性，更是对用户而言最直观的认知对象。PI 的视觉识别要素根据品类的不同而不同，以汽车为例，大体包括四个方面。

（1）形态识别：车体外观轮廓。

（2）材质识别：车内外用材。

（3）色彩识别：车内外颜色搭配。

（4）界面（UI）：人车操作界面。

所以产品的视觉识别不仅仅指的是产品的外包装识别，外包装识别仅仅是产品识别体系中很小的一部分。

产品个性识别要素（内部）是产品的附加属性。个性识别要素传达的是 PI 设计中的理念与情感。PI 的个性识别大致包括用户体验，企业文化，情感，价值观，信仰等方面。最终呈现出来的是产品识别规范手册，如图 9-2 所示。

《产品PI规范手册》
PI Guideline Manual

产品定位与产品线规划
Product position & Product line planning

产品的总体设计语言与风格
Product design language & style

产品的形态设计规范
Product form design guideline

产品的人机界面系统设计规范
Product UI design guideline

产品的色彩与材料、产品表面处理规范
Product CMF design guideline

产品表面的品牌标识、字符、产品型号等的设计与工艺规范
Product branding design guideline

产品配套附件与通用件的设计规范
Accessory & universal companent design guideline

相关样板与色卡附表
Sample and color code appendix

图 9-2　产品 PI 规范手册范例

二、理念识别

在实际运用中，讲到理念识别（MI），大多指企业品牌理念识别。

企业理念识别，即企业识别系统（CI）中的理念识别，是企业最高层的思想系统和战略系统。包括企业宗旨、企业理念、企业哲学、企

业精神等。

1. 企业宗旨

企业宗旨指企业发展的战略目标。企业宗旨也是企业发展的内部原动力。如：凤翔传说的“为人类的健康和幸福而奋斗”。

2. 企业理念

企业理念是企业生产经营管理的指导思想。企业理念是一个企业的灵魂。企业理念能让企业员工的精神为之振奋，理念识别更是让社会公众为之惊奇并叹服的企业识别运作系统。在日本的经营哲学里，企业理念又可细分为：经营姿势理念、社会性理念、市场战略理念和经营体制理念。以凤翔传说为例：

- 经营姿势理念：求真成善。
- 社会性理念：利他共生。
- 市场战略理念：一路向 C。
- 经营体制理念：以奋斗者为本。

3. 企业哲学

企业哲学是企业生产、经营、管理过程中表现出来的世界观和方法论，是企业进行各种活动、处理各种关系所遵循的总的观点和综合方法，是企业一切行为的根本指导思想。

松下幸之助先生在实践中摸索出二十条经营哲学：

- 树立正确的经营理念。
- 用生成发展的观点看待一切事物。
- 对人要有正确的看法。
- 正确的认识企业的使命。
- 顺应自然的规律。
- 利润就是报酬。
- 贯彻共存共荣的思想。
- 应该认为社会大众是公正的。
- 树立一定成功的坚定信念。
- 时刻不忘自主经营。
- 实行“水库式的经营”。
- 进行适度经营。
- 贯彻专业化。
- 造就人才。
- 集思广益。
- 既对立又协调。
- 企业的经营管理是一种艺术。
- 要顺应时代的变化。
- 要关心政治。
- 要心地坦诚。

4. 企业精神

企业精神是一个企业全体或者说多数员工共同一致、彼此共鸣的内心态度、意志状况、思想境界和理想追求。企业精神是一个企业发展的灵魂。如：凤翔传说的“正能量、在一起、敢担当”和“行业化、专业化、职业化”。

与企业的理念识别一样，品牌也有自己的理念识别，其核心是品牌宗旨、品牌价值观和品牌态度。

三、行为识别

与理念识别（MI）一样，在实际运用中，行为识别（BI）大多指企业品牌行为识别。

行为识别（BI）是 CIS 的动态识别形式，它的核心在于 CIS 理念的推行，将企业内部组织机构与员工的行为视为一种理念传播的符号，通过这些动态的因素传达企业的理念、塑造企业的形象。

行为识别系统主要由两大部分构成：一是企业对内行为模式，包括行为基准、形象要求、着装规范、语言规范和企业内部环境的营造等；二是企业对外行为模式，包括服务行为规范、公共关系等。

四、视觉识别

视觉识别系统，是以标准字、标准色、图形为核心展开的完整的、系统的视觉表达体系。将品牌理念、品牌形象等抽象概念转换为具体符号，从而塑造出独特的品牌标识。

视觉识别（VI）包括三个部分内容：基本要素系统、辅助系统、应用系统。基本要素系统主要包括品牌名称、品牌标识、标准字、标准色、象征图案、宣传口号等；辅助系统主要包括辅助字、辅助色、辅助图形等；应用系统主要包括办公用品、建筑环境、产品包装、广告媒体、交通工具、衣着制服、旗帜、招牌、标识牌、橱窗、陈列展示等。

视觉识别设计有一个“同一性原则”：简化、统一、系列、组合、通用。

第十章

C H A P T E R 10

品牌愿景规划和品牌管理规划

第一节　品牌愿景规划

品牌愿景规划是指为品牌确定未来蓝图和终极目标。它不仅代表了企业对品牌未来的共同愿望和目标，更是对品牌所有显在和潜在的目标受众使用品牌的终极欲望的表达和描述。同时，品牌愿景必须与企业使命、价值观和愿景描述保持一致。

品牌愿景主要由品牌蓝图、品牌范围、品牌价值观三个部分组成。

一、品牌蓝图

品牌蓝图是品牌愿景的一个综合的描述。它主要包含对未来环境的描述、对品牌终极目标的确定、品牌蓝图写真三个部分。品牌蓝图最终的表现形式是品牌蓝图写真，而品牌的终极目标和未来环境描述，属于品牌蓝图写真的工具和手段。环境描述主要指政治环境、经济环境、社会环境、竞争环境、技术环境等方面的描述，可用外部环境分析的常用工具——PEST 工具辅助完成。当然并不是说在进行未来环境描述的时候要一一进行描述，而是要结合行业，把未来环境对本企业、本品牌有关联的，或有直接及间接影响的，具有方向性的内容进行描述。品牌蓝图写真主要是把品牌未来环境、品牌的终极目标进行综合的、精练的，并进行美化后的一个描述。甚至可以用非常简洁、精练的语言向人们传递品牌蓝图信息。比如，星巴克“让全世界体验咖啡文化”，奥运会“让全世界人民同时参与”，索尼的“娱乐全人类”等。

还有一种品牌蓝图的规划方式是“发现前景--描绘愿景”：建立在品牌所有参与者，尤其是目标消费者所共同向往的某种前景之上。具体向往什么前景一般需要通过科学的品牌调研才能获悉。当然，一些已经吃透人性的专家往往也可以直接给出正确的答案。一般而言，人类所向往的前景往往是某种成功、地位、身份、组织、地方（包括居住地、游览地、学习场所、工作场所等）、生活方式等。需要透过现象看到本质，才能获悉品牌所有参与者所共同向往的前景。描绘愿景就是品牌规划专家在发现前景之后，结合品牌主体自身的现实条件，描绘出的一种独特的品牌主体愿景。它一般需要虚实结合、若隐若现、充满着无限的向往。

几个品牌蓝图参考案例如下。

- 华为：丰富人们的沟通和生活。
- 小米：让每个人都能享受科技的乐趣。
- 阿里巴巴（三个品牌愿景）：

——“活 102 年”的企业，横跨三个世纪；

——幸福指数最高的企业；

——分享数据的第一平台。

二、品牌范围

在品牌愿景中必须界定品牌的业务范围。如果没有指明品牌的业务范围，品牌在未来的发展中往往会因为业务范围不清晰而四处开发产品、分散投资，透支企业的资源而犯下重大错误，给品牌的发展带来致命的打击；或者看不到前景，过于拘泥于现有业务，止步不前而丧失大好的发展机遇。品牌业务范围主要指品牌参与竞争的市场、业务或产品线、渠道等。界定品牌业务范围的过程就是品牌范围规划。

三、品牌价值观

价值观是一种持久的信念。品牌价值观是品牌愿景的重要组成部分，它将成为日后品牌营销的重要的指导原则和操作的精神规范。通常用一句话来表达。

许多人说品牌愿景规划是品牌战略规划的第一步。从品牌战略规划体系的逻辑关系来讲，由远而近、由虚到实、由大到小，确实如此。从方法论上来看，也确实应该先做品牌愿景规划再做品牌战略规划的其他部分。如“先看森林再看树木”“以终为始”“站在月亮看地球”等方法论讲的都是这个道理。在日本的经营理念中，对于企业经营，提倡“以下山之势”从高往低看，从未来看现在；企业经营规划也是从理念、愿景到长中期规划，再到年度规划、月计划及周计划（见

图 10-1）。

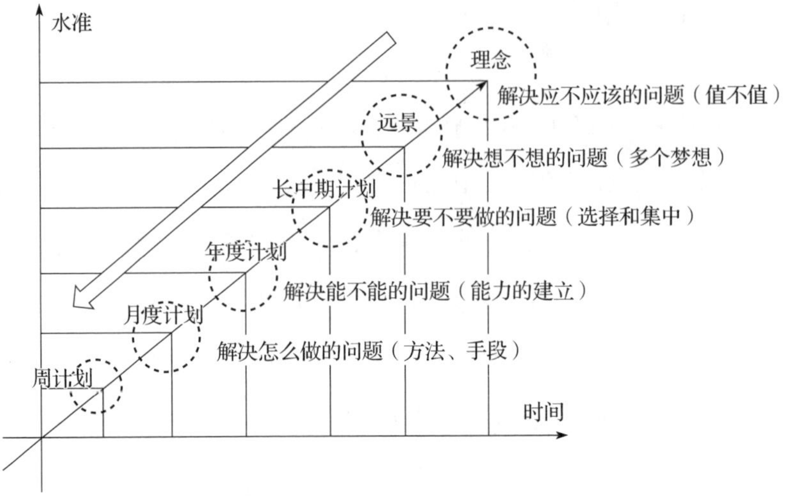

图 10-1　理念、远景、长中期计划和年度计划的关系

品牌规划与企业经营战略规划是两个不同的概念，企业经营战略规划涉及企业层、业务层及职能层三个层面的战略，而品牌规划仅仅是职能层的战略规划，是企业的营销职能战略之一。所以在实际操作中，对于品牌规划大多数的情况是根据环境分析及企业状况，先规划出企业从现在到未来几年的发展目标，根据这个目标细化品牌规划内容，并付诸实践，根据实践情况才能使更大的未来梦想逐步清晰。

第二节 品牌管理规划

品牌是一项资产，企业需要对这项资产进行管理，才能使资产产生价值并产生价值的累积。品牌管理规划是从组织机构与管理机制上为品牌建设保驾护航。

品牌管理规划主要包括以下几方面。

一、配置品牌机构、人才、制度

许多企业非常重视品牌建设，但品牌管理的组织机构设置并不科学。如没有设置品牌经理，或品牌经理等同于一般意义的广告经理，他们的作用也只是广告宣传、视觉设计等，还没有在品牌战略管理层面发挥作用。以品牌为核心竞争力的企业，应成立一个由精通品牌的公司副总挂帅、设立市场部或企划部、其他部门参与的品牌管理组织，从而有效组织公司各部门资源，为品牌建设服务。品牌管理组织应拥有产品设计权、市场费用支配权、产品价格制定权等，从而把握品牌发展的大方向。

有些企业压根儿就不设置市场部，尤其是以招商为主或渠道导向型的企业。这类企业是不是不需要市场部呢？非也。凡是做消费品的企业，不管是消费者导向型企业还是渠道导向型企业，其产品的最终用户都是消费者，不管企业是否直接面对消费者，是否会做消费者推广工作，都需要去了解消费者，至少在品牌设计、产品设计、包装设计、渠道设计这几方面，需要基于消费者的需求来开展，除非企业真的忽略掉了消费者或者其产品真的不愁卖。即使是做生产资料型的商用产品，企业的用户就是其消费者，虽然跟个体的消费者不一样，但营销的逻辑是一样的。不设置市场部的这些企业，其中有些并非没有开展像其他企业里市场部该做的工作，而是这些工作职能由营销部（实际上就是销售部）或企业老板自己承担了。

还有一类企业是虽然设置了市场部（或企划部，或其他叫法）来承担品牌建设的职能，但整体营销架构的设置有问题或市场部的本身职能设置有问题。如市场部归属于销售部之下，由销售部领导；或市场部的职能仅仅是服务而不是开创，市场部事实上变为“事场部”，只是负责简单的包装设计、物料设计及制作、营销费用管理、销售统计等日常事务，再多点就是做做促销工作，而没有履行消费者需求分析、品牌规划、品牌建设等开创性的工作。真正的市场部应该是“势场部”，要造势，造品牌之势（品牌规划）、产品之势（产品线规划）、动销之势（品牌推广）、口碑之势（舆情管理）等，真正为品牌建设、销量提升、品牌增值开疆拓土、保驾护航（见图 10-2）。

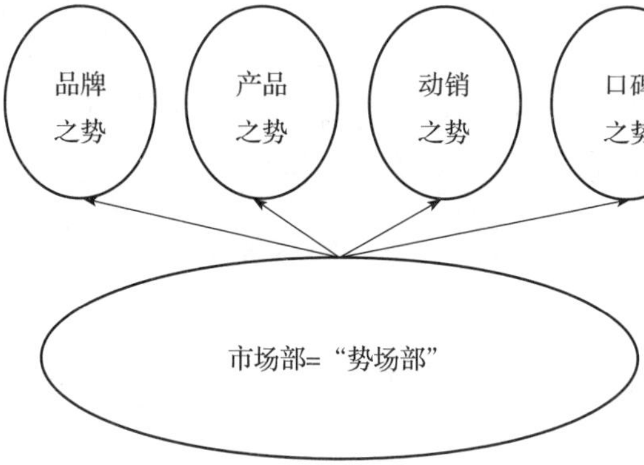

图 10-2 真正的市场部是“势场部”

大部分企业的市场部是健全的，职能也是明确的，但人才缺乏，或品牌管理制度、流程不健全，这是最常见的情况，也是当前中国大部分企业尤其是中小型企业的共同现状。

品牌做得好的企业，其市场部的建制和职能都是清晰的、健全的，不管架构怎么设置，市场部都包括以下基本职能。

（1）研究职能。负责市场调研、数据分析，以洞察消费者需求、品牌表现、竞争状况等。

（2）策划职能。负责产品设计、产品策划、品牌规划，以制定从品牌到产品线的作战蓝图。

（3）媒介职能。负责媒介分析、媒介策略和媒介执行，处理与媒体及社会相关部门的公共关系等。

（4）推广职能。负责线下推广活动策划、执行监督，以及相关物料的设计、制作等。

（5）线上推广。负责线上渠道布局、数字推广、舆情管理、电商运营等。有的企业会在市场部之外单独设立这个部门，也有的企业将这个职能组建部门放在大的市场部整体架构下面，也有的企业把这几个职能拆散到不同的相关部门里，如线上渠道布局职能划归销售部，数字推广、舆情管理职能划归媒介部，电商运营单设部门或划归到销售部等。

每个企业的实际情况都不一样，关于市场部的架构形式可能会有所不同，这个不是最重要的，职能的健全及科学运作才是我们要关心的。

二、维护品牌的一致性

一个强大的品牌不是随随便便就能打造出来的，需要“持之以恒”的定力。品牌核心价值一旦确定，企业的一切营销传播活动都应该以滴水穿石的定力，持之以恒地坚持维护它，这已成为国际一流品牌创建百年金字招牌的秘决。

第一，横向一致性。同一时期内，甚至在不同的区域，产品的包装、广告、公关、市场生动化陈列等都应围绕同一核心主题和形象来开展。具体运作中，可能在不同的地区，面对不同的消费者群体，可以根据具体情况做一些适应性调整，以更加吻合该地区、该人群的认知模式和行为习惯，如宣传主题的表述方式、话术或画面的设计等做些调整等，这些都是很正常的，也是有必要的。但其核心理念、主张必须符合该时期公司对品牌的总体规划，不能出现不一致甚至是相反的论调。

这些核心主题和形象应该要持续相对较长的周期，不能频繁变换，否则会给消费者造成信息混淆，影响品牌传播效能。持续周期的长短视该核心主题和形象的性质而定，属品牌价值体系框架内的内容，其持续的周期应在一年以上，甚至几年或更长；而一些活动性的、阶段促销性的内容，其持续周期一般与活动周期相一致，短的半个月，长的三个月左右。

横向一致性还有一方面需要注意的，是企业内不同部门之间对品牌输出的一致性。品牌建设不仅仅是老板一个人的事，也不仅仅是营销部门的事，而是整个公司的事。公司里每个部门都是品牌的建设者和维护者，虽然部门的职责不一样，对品牌建设的介入程度也不一样，但所有部门所输出的与品牌有关的东西都必须要符合品牌规范的要求。如生产部，若其生产的产品质量不稳定，会直接影响消费者对品牌的体验，而产品质量问题恰恰是对品牌伤害很大的问题。又如行政部，好像是个与营销没有直接关系的部门，但公司整体的行政管理水平会体现在诸如会议、接待、办公等方面，也就直接影响着公司形象，公司形象又影响着品牌的形象。总之，品牌建设与每个部门、每个人都是紧密相关的，所有人都必须自觉地维护品牌的一致性。

第二，纵向一致性。1 年、2 年、10 年……品牌不同时期的不同表达主题都应围绕同一品牌核心价值。

品牌定位及基于定位提出的品牌价值观是最需要长期坚持的。叱咤风云的强势品牌，无一不是几十年如一日地坚守品牌对消费者的承诺。可口可乐演绎“乐观向上”百年未变，吉利诠释“男人的选择”达 100 年，力士传达“滋润高贵”的形象已有 70 年，万宝路表现“阳刚豪迈”也有 50 年，钻石广告语“钻石恒久远，一颗永流传”流传已有 60 年……

品牌卖点（物质利益卖点、情感利益卖点或产品属性卖点等）、品牌支撑点这些会随着不同阶段品牌发展的需要或竞争环境的变化而做出改变，其变化周期较品牌定位、品牌价值主张而言要短。

而国内许多品牌（甚至知名品牌），品牌核心价值定位不清、广告诉求主题朝令夕改，成了信天游，“换个领导人，换个 LOGO”，“换个广告公司，换个品牌定位”，尽管品牌建设投入巨大，但品牌资产却未得到有效提升。这是品牌建设的大忌。

三、定期检视品牌资产

以品牌为核心竞争力的企业都会定期对品牌建设情况做检视，除了品牌规划及品牌推广过程中的专项调研外，还会对品牌建设的阶段性结果做检视，一般是每年一次。通常通过市场调研的方式来开展，传统的有定量调研和定性调研，还有大数据调研等方式，主要检视品牌资产在消费者心智中的认知印象及认知程度。关于品牌的调研，前面章节已有论述，此处不再赘述。